Wolf-Weber, Dehn · Geschichten vom Schulanfang

Die Reihe Werkstattbuch Grundschule
wird herausgegeben von Dieter Haarmann

Ingeborg Wolf-Weber und Mechthild Dehn

Geschichten vom Schulanfang

»Die Regensonne« und andere Berichte

Beltz Verlag · Weinheim und Basel

Über die Autorinnen:

Ingeborg Wolf-Weber, Jg. 1935, Sozialpädagogin, arbeitet an einer Grundschule in der Eingangsstufe (Vorschulklasse, Klasse 1).

Mechthild Dehn, Jg. 1941, Dr. phil., Professorin für Erziehungswissenschaft/Didaktik der deutschen Sprache und Literatur an der Universität Hamburg.

Die Deutsche Bibliothek – CIP-Einheitsaufnahme

Wolf-Weber, Ingeborg:
Geschichten vom Schulanfang : »Die Regensonne« und andere
Berichte / Ingeborg Wolf-Weber und Mechthild Dehn. -
Weinheim ; Basel : Beltz, 1993
   (Beltz Praxis) (Reihe Werkstattbuch Grundschule)
   ISBN 3-407-62174-4

Lektorat: Peter E. Kalb

© 1993 Beltz Verlag · Weinheim und Basel
Herstellung: Klaus Kaltenberg
Satz: Satz- und Reprotechnik GmbH, Hemsbach
Druck: Druckhaus Beltz, Hemsbach
Umschlaggestaltung: Atelier Warminski, Büdingen
Umschlagfoto: Fotos S. 55: W. Steche
Printed in Germany

ISBN 3-407-62174-4

Inhaltsverzeichnis

Jan-Carlos

Corinna

Vorwort

Der Anfang dieses Buches war die Geschichte von der »Straßengang«. Ingeborg Wolf-Weber hat sie im Seminar erzählt, Mechthild Dehn hat sie aufgeschrieben. So entstand die Idee, Geschichten aus den beiden Jahren der Eingangsstufe, aus der Vorschulklasse und aus Klasse 1, über zwei Jahre zu sammeln: Geschichten, die nah an den Kindern sind, besonders an den widerständigen.

Das Verfahren haben wir bald geändert: ein Diktiergerät hat die Geschichten gespeichert. Brigitte Uhle hat sie sorgfältig aufgeschrieben. Dafür danken wir ihr herzlich.

Bei der Überarbeitung haben wir den mündlichen Charakter der Geschichten und die chronologische Reihenfolge zu erhalten gesucht; nur die Begebenheiten mit Jan-Carlos und mit Corinna haben wir, ihrem inhaltlichen Gewicht entsprechend, herausgelöst.

Für die Lerngeschichte dieser beiden Kinder war – gerade auch im Rückblick – der Austausch in der Projektgruppe »Elementare Schriftkultur als Prävention von LRS« wichtig; vor allem das Beharren auf dem Ziel, Zugänge zur Schrift zu finden und zu eröffnen trotz aller Schwierigkeiten.

Wir haben die Episoden und Szenen als erzählte Geschichten belassen, weil hier die Subjektivität des Blicks – in der herzlichen Freude über erhellende Aufschlüsse aus kindlichem Denken, im Erschrecken und in der Irritation über seine Fremdheit, in der Sorge um das seelische Gleichgewicht des einzelnen und den Ausgleich mit den Interessen der anderen – greifbar und angreifbar wird. Das Buch lädt Leser und Leserin ein zum Zuhören – und möchte provozieren zum Diskutieren über das aufscheinende Selbstverständnis, über Möglichkeiten und Grenzen pädagogischen Handelns in der Schule und über Alternativen des Erzählten.

Die Kindernamen haben wir geändert; Andreas freilich mußte seinen – der »Zeichen« wegen – behalten (s. S. 22 f.).

Aus der Vorschulklasse

Die »Straßengang«

Ich habe in meiner Klasse eine »Straßengang«; das sind fünf Jungen, die immer – wenn die anderen Kinder Spielzeit machen – herumgehen, alles ansehen, auch kommentieren, dabei die Hände in den Hosentaschen. So kennen sie es aus der Zeit vor der Schule, so leben sie am Nachmittag. Bei uns gibt es Draußenkinder und Drinnenkinder. Dies sind Draußenkinder.

Ich hab sie auch neulich wieder bei den »Freien Aktivitäten« in der Spielzeit beobachtet. 25 Minuten waren schon vergangen, sie hatten noch gar nicht angefangen. Da hab ich gedacht: Jetzt mußt du was machen, jetzt, nach fünf Monaten in der Vorschulklasse. Ich bin zu ihnen gegangen, habe mit ihnen gesprochen und gesagt, daß sie fünf Minuten Zeit haben (bis der Zeiger auf der 6 ist), sich etwas zum Spielen auszusuchen. Und wenn sie bis dahin nichts gefunden haben, bekämen sie von mir etwas. Und ich hab mir zwei Spiele überlegt, ganz schöne, die gerade für die fünf gut passen könnten. Sie konnten nichts für sich finden. Da habe ich ihnen die zwei Kartons gezeigt; in jedem Karton sind eine Filzplatte und Bausteine für eine Stadt: Straßen, Menschen, Autos, Post und Schule, Wohnhäuser, Verkehrsschilder, Bäume und vieles mehr. Je zwei Kinder bekamen ein Spiel, und sie saßen zwischen all den anderen Kindern, aber als Zweiergruppen an getrennten Tischen. Das fünfte Kind wollte malen.

Nach fünf Minuten bin ich zu ihnen. Sie hatten die Kartons schon zugemacht. Da hab ich ihnen gesagt: »Freunde, wenn ihr euch selbst ein Spiel sucht, dann könnt ihr es auch beenden, wenn ihr wollt. Aber wenn ich euch ein Spiel gebe, dann laßt ihr es liegen, bis ich es gesehen habe und sage, daß ihr jetzt aufhören könnt. Packt das Spiel wieder aus und spielt es zuende, dann zeigt ihr es mir.« Die Jungen waren etwas verblüfft. Sie haben das Spiel gespielt. Dann sind sie gekommen und haben gefragt: »Können wir das jetzt nochmal spielen?«

Sie haben nicht aufhören wollen, als die Pause begann. Und drei Tage noch haben sie das Spiel gespielt, es ständig verändert und sich darüber untereinander abgesprochen.

Knut hat Jonas' Babuschka zerschnitten

Jonas und Knut sitzen nebeneinander. Knut ist mit seiner Arbeit fertig und hat hinten Spielzeug liegen. Jonas schneidet die letzte von drei Babuschkas aus. Er singt, denn er hat in vierzehntägiger mühevoller Kleinarbeit ausschneiden gelernt.

Plötzlich kommt Knut zu mir und sagt etwas aufgeregt: »Das ist mir ganz aus Versehen passiert! Das ist mir wirklich ganz aus Versehen passiert!« Ich sehe auf, und Jonas hat seinen Kopf auf den Tisch gelegt und schluchzt. Ich sage: »Jonas, ich kann das überhaupt nicht mitansehen, wenn du weinst!« Und dann sehe ich Knut an und sage: »Ich kann mir gar nicht vorstellen, wenn du da spielst, daß du da ganz aus Versehen ... Er sitzt so weit weg, daß dir da so was passiert. Aber,« sag ich, »das kann ich ja nun nicht mehr nachvollziehen, wie das passiert ist. Auf alle Fälle mußt du dir jetzt mal was ausdenken, damit der Jonas wieder zufrieden wird.«

Diese Situation, daß er sich etwas ausdenken sollte für seine Probleme, war für ihn offensichtlich neu und überraschend, denn er saß da und sah vor sich hin. Jonas lag weiterhin mit dem Kopf auf dem Tisch und schluchzte. Ich sagte zu Knut: »Weißt du, das nützt jetzt gar nichts. Du kannst jetzt nicht vor dich hingucken, sondern du mußt wirklich mal was tun. Ich kann das nicht mehr lange aushalten, daß er da so sitzt und weint und traurig ist. Überleg mal was!« Er veränderte seine Haltung überhaupt nicht, denn es fiel ihm wirklich nichts ein. Ich sprach ihn noch einmal an: »Weißt du, dann leg ihm einfach die Hand auf den Arm, damit er überhaupt merkt, daß du nachdenkst und daß du was tun willst. Und dann mußt du überlegen, ob du nicht was machen kannst für ihn.«

Ich unterhielt mich vorn mit andern Kindern, die mir ihre Arbeiten zeigten. Nach einer ganzen Zeit sah ich wieder hin, und da hatte er tatsächlich die Hand bei Jonas auf die Schulter gelegt. Beide sprachen miteinander, obwohl Jonas noch den Kopf unten hatte. Und auf einmal kommt Jonas mit seinem Kopf hoch. Ich tat aber so, als ob ich es kaum wahrnahm und sah Knut an. Knut kam ganz glücklich zu mir, ganz schnell, flinken Fußes und sagte: »Hast du mal noch einen neuen Bogen von der Babuschka?« »Ja«, sag ich, »ich seh mal nach, ob ich noch einen übrig hab ... Wozu brauchst du denn den?« »Also ich hab jetzt mit ihm gesprochen«, sagt er, »daß ich ihm 'ne neue Babuschka male.« »Und«, sagt er dann und strahlt: »Der darf sich sogar die Farben aussuchen, die ich nehmen soll. Und dann schneid ich sie ihm aus.« Ich gab ihm einen neuen Bogen.

Und er setzte sich neben Jonas, fing an zu malen. Jonas sah zu und hatte wieder seine heitere Stimmung zurück. Knut hat tatsächlich durchgehalten. Die ganze Spielstunde über hat er diese Puppe gemalt und hat sie ihm auch ausgeschnitten und in sein Heft gelegt.

Isabell und Marco spielen Theater

Isabell war am Anfang ein gehemmtes Kind und hat viel geweint. Aber sie ist willensstark und phantasievoll. Marco spricht nicht. Er sagt höchstens zu seinen Kumpeln, mit denen er spielt, ab und zu mal ein Wort. Ansonsten ist er am Vormittag sehr still. Wenn er aber ein ganz starkes Bedürfnis hat – ein ganz starkes –, wenn er etwas haben möchte, das ihm wirklich sehr wichtig ist, dann nimmt er allen Mut zusammen und kommt zu mir und fragt mich.

Wir haben ein Theater mit Stabpuppen aus Holz, was sehr begehrt ist. Die Kinder können sich zu zweit zusammentun, um sich mit den Puppen etwas auszudenken. Ohne daß sie irgendwelche Stücke vorbereitet haben, fangen sie an zu agieren. Im Anfang war das »Rotkäppchen«. Dann war das mal »Der Wolf und die sieben Geißlein«, obwohl gar keine Geißlein da waren. Dann war es einfach mal ein Spiel mit Prinz und Prinzessin und Hexe.

Isabell hatte sich gemeldet und wollte das Theater haben. Sie kann das Ganze auch alleine meistern mit vielen verschiedenen Rollen. Ich stellte ihr das Theater auf den Tisch und fragte: »Wer will denn mit Isabell mitspielen?« Da sagte Marco: »Ich!« Er ging mit hinter das Theater. Und vorne setzten sich sechs Kinder als Zuschauer hin.

Isabell hatte sich nun in ihrem Kopf schon eine Geschichte ausgedacht, in die sie Marco einspannen wollte; besprochen hatten sie sich allerdings nicht. Marco stand hinter dem Theater, nahm die Puppen, die sie ihm hinreichte, und reagierte weiter nicht. Anfangs sagte sie immer, wenn er die Puppe hielt, von oben den Text dazu. Dann fand sie eigentlich, daß sie schon genug Rollen hatte und meinte, die Puppe, die er gerade in der Hand hatte, die sollte er auch reden lassen. Er aber stand da wie ein Stein, glücklich, daß er die Puppe hatte. Die Zuschauer fanden das vollkommen in Ordnung, daß die Puppe, die er bediente, eben nichts sagte. Nur Isabell störte es, weil sie ja das ganze Konzept im Kopf hatte. Und plötzlich, als sie immer lockerer wurde durch das Theaterspiel, sagte sie dann öfter hintereinander zu ihm: »Nun sag doch mal was, du Dummkopf! – Nun sag doch mal was, du Dummkopf!«

Ich wußte nicht, wie ich mich verhalten sollte, und ging erst noch in den Gruppenraum, um zu sehen, wie sich die Sache löste. Ihn störte es offensichtlich nicht, denn er sagte nichts. Aber er agierte immerzu. Er tat, was sie sagte, bloß er sprach nicht. Dann haben sie sich wohl ohne Reden so geeinigt, daß er und sie zufrieden waren mit dem, was sie jetzt taten; nämlich, daß er agierte und sie dafür sprach.

Durch Inas Handschuh pfeift der Wind

Ich hatte einen Handschuh in Umrissen auf ein Blatt gezeichnet, so groß wie eine Kinderhand. Die Kinder sollten ihn mit einem Muster versehen, so wie der Handschuh aussehen sollte, den sie sich wünschten. Es konnte auch eine Figur hineingemalt werden. Auf alle Fälle sollte es der Wunschhandschuh sein. Ina hatte vorher eine ganze Spielstunde gehabt. Eigentlich malen die Kinder gern; man kann sich dabei auch unterhalten – es ist also eine lustbetonte Sache.

Ina hatte aber das Gefühl, wenn sie fertig ist, dann kann sie wieder etwas machen, das ihr weniger abverlangt. Sie begann den Handschuh mit großen Strichen einfach auszufüllen; zwar waren Streifen sichtbar, aber es gab nicht einmal eine Andeutung von einem Muster. Und die Striche gingen alle sehr weit über den Rand. Nun kann es natürlich sein, daß sie sich gedacht hat: Wenn ich den Handschuh ausschneide, schneide ich die Striche sowieso mit ab, was ja sehr pfiffig ist und was sicher auch so gewesen sein wird. Aber, ich fand, für ihre Möglichkeiten war das zu wenig. Ich ging also zur ihr hin – sie hatte ungefähr ein Drittel gemalt – nahm den Handschuh und sagte: »Weißt du, Ina, da pfeift der Wind durch. Das ist kein Handschuh, der wärmt.« Sie sah sich ihren Handschuh an. »Und«, sagte ich, »außerdem ist das ein Handschuh, der wirklich, also, nichts Besonderes ist. Er ist nicht irgendwie besonders hübsch gemacht, kein Muster und ... kein richtiger Handschuh.« Und gab ihr, währenddes ich das sagte, einen neuen, legte ihn vor ihr hin. Sie sah mich an, sagte kein Wort, lächelte etwas verlegen, weil sie genau wußte, was ich meinte. Ich ließ den Handschuh da liegen, und sie begann sofort, den neuen Handschuh zu malen.

Später haben wir gemeinsam beide Handschuhe verglichen. Sie hatte auf dem zweiten eine Mickey Mouse gemalt und das Umfeld schwarz ausgefüllt mit roten Punkten. Und es war ein ganz besonders schöner und ein ganz besonders individueller Handschuh geworden. Wir konnten uns beide vorstellen, daß wohl kein Mensch so einen Handschuh je gehabt hat.

Simone bringt etwas mit zum Lesen

Die Kinder haben vor zwei Tagen in ein kleines Heft, das ich ihnen vorbereitet habe, die acht Bilder von der Geschichte vom Schneemann eingeklebt, so daß immer links ein Bild und rechts eine freie Seite war. Sie konnten die Bilder auch anmalen. Das ist schwer für diese Altersstufe: Die Kinder, die den Schneemann bauen, müssen ja immer dieselbe Kleidung tragen; denn wenn man die Kugel für den Kopf gerollt hat, geht man nicht rein und zieht sich um. Einige Kinder wollten das Heft mit nach Haus nehmen. Ich schlug ihnen vor, ob sie nicht ihre Mutter fragen oder ihren Vater oder ihre große Schwester oder ihren großen Bruder oder Nachbarn fragen, ob die ihnen zu den Bildern auf der freien Seite etwas schreiben. Das hab ich noch nie gemacht, und das fand ich ein sehr vages Unternehmen, aber ich wollte es mal ausprobieren.

Marco kam gestern gleich und zeigte mir sein Heft: Seine Mutter hatte auf jede Seite zwei bis drei Sätze geschrieben. Er war sehr stolz, hatte auch noch auf die beiden leeren Seiten hinten etwas von sich und seinem Haus gemalt. Und auch dazu hatte sie etwas geschrieben. Ich habe das Buch im Kreis vorgelesen. Viele Kinder setzten sich danach sofort hin, malten ihr Buch weiter und nahmen es auch mit nach Hause. Heute brachten wieder vier Kinder ihr Buch mit; auch ihre Eltern hatten etwas hineingeschrieben.

Bei Simone stand auf jeder Seite immer nur ein Wort. Zu dem Bild, auf dem die Kinder sich überlegen, was sie machen wollen, da stand »Idee«. Und als sie anfingen, die Schneebälle zu rollen, stand »Schneeball«, und dann stand »Kopf« und »Bauch«, und dann »Hut« und »Besen«. Und auch Simone war glücklich, als wir das vorlasen; denn in diesem Buch haben wir versucht, die Wörter zu »lesen«, und es ging. Die Kinder konnten die Wörter ganz sicher erkennen, obwohl noch gar nicht von Buchstaben und Anlauten die Rede gewesen ist.

»Was macht denn dein Papa?«

Derya und Janne spielen jeden Tag zusammen. Derya ist in Deutschland geboren und spricht gut Deutsch. Nun sitzen sie in der Frühstücksecke und mummeln an ihrem Brot.

Derya erzählt, daß sie nach der Schule ihren Papa abholt, von der Arbeit, und, daß man dazu mit dem Schiff fahren muß. Janne fragt: »Ist dein Papa Kapitän?« Derya verneint; sie weiß nicht, was ihr Papa macht. Nach einem kurzen Schweigen fragt Derya: »Was macht denn dein Papa?« Ich sitze am Nachbartisch, schneide Papier zu und kann hören, was die Kinder reden.

Janne sagt: »Mein Papa ist vermißt.« Derya fragt nicht weiter. Ich stutze und denke natürlich, daß Jannes Mutter ihr es so erklärt hat, daß der Vater nicht da ist. Ich nehme mir vor, die Mutter daraufhin anzusprechen.

Als Janne sich an diesem Vormittag von mir verabschiedet, erinnere ich sie an das Sommerfest, das um 16.00 Uhr beginnt, und frage, ob sie kommt. »Ja«, sagt sie, »mein Papa kommt auch mit.« »Aber du sagtest doch vorhin, daß dein Papa vermißt ist.« Sie murmelt etwas von Frühschicht und Schon-ausgeschlafen-haben.

Am Nachmittag erfahre ich von dem Vater, daß er Vermesser ist.

»Wir wissen die Tiernamen immer noch«

Ich habe für die Kinder ein Tierbuch gemacht mit Postkarten und Fotos aus Zeitschriften. Wenn wir uns das Buch gemeinsam ansehen, tragen die Kinder zusammen, was sie schon von den Tieren wissen, von der Blaumeise, der Libelle, dem Walroß.

Eines Tages sagt Lisa: »Ich weiß immer noch, daß das die Waldohreule ist.« Und wir sprechen über die Tiere, die man sich gut merken kann; jedes Kind nennt auch ein Tier, das es sich zuerst ganz schlecht merken konnte. So kommen wir darauf, wie man beim Lernen Hilfen nutzen kann. Constantin sagt, daß er sich am liebsten ein oder zwei Kumpel sucht; denn was der eine nicht weiß, kennt der andere vielleicht schon. Jonas will warten, bis wieder eine der Mütter da ist, die ab und zu bei uns in die Klasse kommen; Anna will sich mit einem Kind zusammensetzen, von dem sie denkt, daß es schon viele Tiere kennt. Klaus-Hendrik will das Buch mit in die Pause nehmen und Freunde fragen. Sabine will sich das Buch ausleihen für einen Tag und mit ihrer Schwester lernen. Hanna sagt, daß sie sich immer den Anfang von dem Wort ansieht, und dann weiß sie eben, daß da Waldohreule steht und nicht Uhu.

Wir treffen eine Abmachung: Wer in zehn Tagen sicher alle Tiere kennt, darf sich aus einem großen Kasten ein Tierposter aussuchen. Für jedes Kind ist reichlich Auswahl da, auch noch für das, das als letztes kommt.

Gleich am nächsten Tag melden sich die ersten Kinder an und wollen das Buch »vorlesen«. Das geht gut. Andere hören zu. Derya, Ines und Simone haben zusammen gelernt; sie melden sich erst am neunten Tag an und wollen gemeinsam vorlesen. Das sei gegen die Abmachung, sagen die anderen. Jede will ja auch ein eigenes Poster haben. Wir einigen uns dann so, daß jede einzeln die Tiere benennt, und die anderen beiden im Notfall helfen. Aber das war gar nicht nötig.

Wieder sind zehn Tage vergangen. Die drei Mädchen stehen schon morgens vor mir und wollen wieder eine Zeit zum »Vorlesen«. »Wir wissen die Tiernamen immer noch.« In der Pause lesen sie nun vor, ganz selbstverständlich jede einzeln: Seeschwalbe, Braunbär, Storch, Schneeeule usw.; als wir das Buch zuklappen, sagt Derya: »Ich kann es immer noch«, und hat ein stilles glückliches Lächeln.

Constantin denkt über den Ursprung des Lebens nach

Wir sitzen im Kreis und reden über den Fußweg, den Gehweg, die Straße und den Radweg. Plötzlich sagt Constantin: »Wer war denn nun eigentlich zuerst da?« Ich wußte gar nicht, wie er darauf kam. Dann fiel mir ein, daß ich kurz vorher gefragt hatte, wer wohl zuerst da war: die Autos oder die Menschen? Und wir hatten herausgefunden, daß die Autos von Menschen gebaut werden. Also mußten die Menschen eher dagewesen sein. Er hatte wohl für sich weiter gedacht und sagte: »Also, mir hat mal einer gesagt, daß Gott das war. Aber weißt du«, sagt er und macht mit seiner Hand eine Geste vom dicken Bauch. »Aus Gott ist dann alles rausgekommen. Aber das kann ja gar nicht der Gott gewesen sein. Denn, also, das muß ja 'ne Frau gewesen sein. Guck doch mal«, sagt er, »wenn das immer alles aus ihr rauskommt, dann, also, dann muß das doch 'ne Frau gewesen sein.«

Marco schreibt Wörter

Marcos Mutter erzählte beim Elternabend, daß Marco sich öfter hinsetzt und aus seinem Lexikon Wörter abschreibt. Ob das gut wäre? Ich bat sie, mir die Wörter mal mitzuschicken. Und Marco brachte die Wörter und zeigte sie mir. Ich fragte ihn, ob ich die Wörter behalten könnte, oder ob ich sie lieber photokopieren und ihm wiedergeben sollte. Er sagte, ich solle sie photokopieren, er hätte sie gern wieder. Es waren vor allem Wörter mit B, kurze und ein paar lange. Ich fragte ihn, warum er gerade diese Wörter abgeschrieben hat. Er sagte, er mag am liebsten kurze Wörter. Da hab ich auf das Wort »Explosion« gezeigt. Das ist ja nun wirklich nicht kurz. Er sagt, er schreibt am liebsten kurze Wörter und Wörter, die er gut findet. Und Explosion ist ein Wort, das er gut findet. Ich hab ihn gefragt, woher er denn wußte, daß das Explosion heißt. »Naja«, sagt er, »da sind ja überall Bilder dabei.«

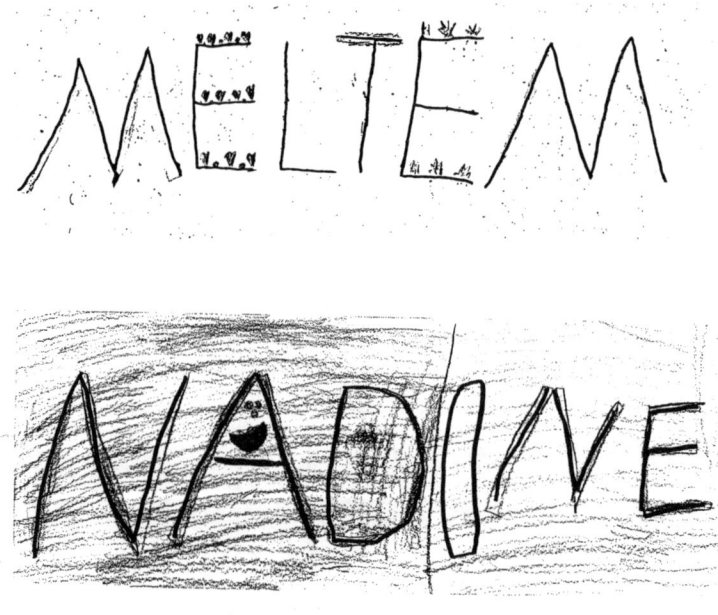

»Aber meine Oma sieht doch ganz anders aus als deine Oma«

Hanna sitzt mit Lena am Tisch, und beide malen. Plötzlich sagt Hanna: »Ich kann Oma schreiben.« Lena sagt: »Ich kann auch Oma schreiben.« Hanna beginnt nun – vollkommen konzentriert auf ihr Blatt – das Wort Oma in großen Buchstaben zu schreiben. Als sie fertig ist, überprüft sie alles noch einmal, ist sehr zufrieden und guckt zu ihrer Nachbarin. Sie sieht dort auf Lenas Zettel das gleiche Wort wie auf ihrem Zettel und fragt: »Wieso weißt du, wie meine Oma geschrieben wird?« Lena sagt: »Ich habe Oma geschrieben. So wird Oma geschrieben.« Hanna denkt nach. Hanna wird sogar ein bißchen ärgerlich und sagt zu Lena: »Aber meine Oma sieht doch ganz anders aus als deine Oma.«

Andreas verziert seinen Namen mit »Zeichen«

Die Kinder haben ein graues Heft, in das sie ihre Arbeiten kleben: Es sind Lieder und Verse drin; es sind Ausschneidarbeiten drin, eben was sie so im Laufe der Zeit gemacht haben. Das Heft hat einen grauen, häßlichen Pappeinband. Zu Beginn der Vorschulzeit habe ich mit Bleistift den Namen der Kinder auf den Umschlag geschrieben und ihnen erklärt: wenn das Heft fast voll ist, können sie selbst ihren Namen aufschreiben, und zwar ganz besonders schön. Jetzt können ja manche noch nicht ihren Namen schreiben. Aber wenn sie einige Monate da sind, dann haben sie es gelernt, und können auch schon gut mit Buntstiften umgehen. Gerade als erste Seite sieht der Name bestimmt sehr schön aus, und jeder sieht sich das Heft gern an. Ich hab ihnen auch vorgeschlagen, daß sie das Heft ihren Eltern schenken können, wenn es voll ist.

Und jetzt sind zwei oder drei Seiten noch frei, und nun möchten die Kinder das Heft ihrer Mutter zum Muttertag schenken. Sie sind also hoch motiviert: und ich fand, es ist an der Zeit, daß wir die Außengestaltung in Angriff nehmen. Ich hatte ihnen einen großen Streifen zugeschnitten, damit sie ihren Namen sehr schön groß erst mal schreiben können und gute Gestaltungsmöglichkeiten haben. Ich hab ihnen auch gesagt, das wird das Probeblatt; wenn man dann eine Vorstellung von dem hat, wie man's haben möchte, dann kann man das auch genauso auf ein kleines Blatt malen, denn das große paßt ja nicht auf das Heft. Das sind die Kinder von Anfang an gewohnt, bei Sachen, die uns sehr wichtig sind, und die sie noch nie gemacht haben. Sie können zuerst mit dem Finger auf das Papier malen, damit sie eine gewisse Raumvorstellung von dem Blatt und dem Material bekommen. Dann fangen sie viel sicherer an zu arbeiten. Wenn sie mit ihrer Arbeit nicht zufrieden sind, können sie in jedem Falle die Sache wegwerfen und sich ein neues Blatt holen; viele Kinder kommen erst durch vieles Probieren zur Verwirklichung ihrer Ideen.

Die Kinder fingen also an, ihren Namen zu schreiben, und ich hatte gesagt; »Seht mal zu, daß ihr auch ein paar farbige Stifte benutzt, damit der Name leuchtet auf dem Buch. Ihr könnt euch zu euren Buchstaben im Namen etwas denken. Wenn ihr sie schreibt, dann könnt ihr euch zu jedem Buchstaben was ausdenken.« Es war eine lockere, gute Stimmung. Die Kinder redeten miteinander und tauschten sich aus.

Sie gingen in der Klasse herum und sahen, was die anderen machten. Andreas hatte sich nach dem zweiten Versuch sehr zufrieden daran gemacht, seine Arbeit zu verzieren. Aber im Gegensatz zu all den anderen Kindern war seine Verzierung der Buchstaben meiner Ansicht nach sehr nüchtern; Andreas ging auch nicht so kreativ mit Farben oder mit den raumfüllenden Elementen um. Ich dachte: »Naja! Mal sehen!« Nach einer gewissen Zeit nahm ich mir einen Stuhl und setzte mich zu ihm und sagte: »Du Andreas, das ist ja wunderbar mit deinem Namen gegangen. Du kannst alle Buchstaben von deinem Namen schon auswendig, und sie stehn alle am richtigen Platz.« »Jä«, sagt er, »das kann ich jetzt.« Und dann sah ich, daß er auch schon sehr sicher die Buchstaben schrieb und tastete mich so ganz allmählich zu dem vor, was über seinen Buchstaben stand: »Du hast ja über deine Buchstaben was gemalt. Vielleicht kannst du mir mal dazu erzählen. Ich kann mir nicht richtig vorstellen, was du damit meinst.« Und währenddessen ich da nun so saß, waren einige andere Kinder dazugekommen und hatten sich über den Tisch gelegt und sahen uns zu. Und dann sagte er: »Also, die Punkte da oben, die sind die Verzierung.« »Ja«, sag ich, »das, was da über dem A steht, was ist das denn?« »Naja«, sagt er, »du hast gesagt, ich soll mir zu meinen Buchstaben was ausdenken. Und da hab ich mir gedacht, zum A paßt eigentlich das Dreieck.« Und dann sagte ein anderer: »Und das da?« und zeigte auf das Quadrat. Und da sagte wieder ein Kind: »Das ist ein Quadrat.« Und ein Mädchen sagte: »Das ist ein Viereck«, und Andreas sagte: »Ich finde, das paßt zu dem ganz gut.« »Tja«, sag ich, »aber dieses da, was ist das denn?« »Das ist das Rad. Und das paßt doch gut dazu. Guck doch mal hin.« Und er hatte sie also bis jetzt alle benannt, das Dreieck, das Viereck und das Rad. Und dann kamen wir zu dem R, und da sage ich: »Was ist denn das nun?« »Naja«, sagt er, »guck mal, das gehört da auch noch dazu. Das gehört dazu.« Frag ich: »Was ist das denn?« Und da konnte er nichts sagen. – Es waren inzwischen schon 5 oder 6 Kinder, die uns zuhörten. – Und da sagte eins davon: »Du, das ist irgend so'n Zeichen.« »Ja«, sag ich, »Andreas, meinst du auch?« »Ja«, sagt er, »das ist so'n Zeichen.« Na, und dann kam das E. Da sagte er: »Das gehört zum E, und das ist wieder das Dreieck vom A.« Das Dreieck hat er übernommen, weil es für ihn zu dem A gehört; und bei dem S sagte er: »Das ist ein Haken.« Die anderen Kinder waren überzeugt, daß das Ganze eine klare, eindeutige Sache war. Und er lehnte sich zufrieden zurück, packte seine Buntstifte ein, holte sein Lineal hervor – das hatte er ganz neu – und begann, auf dem freien Raum, der in seinem Streifen noch geblieben war, zu zeichnen. – Zwei Schulstunden hat er an diesem Bild gearbeitet. (Alle Namen hier sind im Rahmen dieses Projekts entstanden.)

Jan-Pierre sollte »Jan P.« überwinden

Jan-Pierre geht jetzt sieben Monate in die Vorschulklasse. Seinen Namen schreibt er immer noch Jan P. Darauf hatten wir uns am Anfang geeinigt, weil sein Name ziemlich lang ist. Und seine Nachbarin hieß Lena. Er fand das ungerecht, daß er immer Jan-Pierre schreiben soll. Aber nun schreibt er immer noch Jan P. Er hatte auf das Probeblatt für den Heftumschlag wieder Jan P. geschrieben und gab es ab und sagte: »Ich hab wieder Jan P. geschrieben.« Ich nahm die Blätter mit nach Hause und sah sie mir an. Andreas hatte seinen Namen geschrieben, und Klaus-Hendrik auch, Ann-Margret hatte ihren Namen geschrieben und Simone auch. Und ich fand: Das ist eigentlich nicht ganz in Ordnung.

Am nächsten Tag nahm ich sein Blatt mit und auch all die andern und las ihm die Namen vor und sagte: »Weißt du, der hat auch so viele Buchstaben, und die hat auch so viele Buchstaben, und ich finde, du könntest jetzt eigentlich mal probieren. Du kannst ja deinen Kasten mit dazunehmen und kannst erst mal ein bißchen abgucken. Du mußt deinen Namen ja noch nicht ganz schreiben. Aber ein bißchen muß es heute mehr werden.« Ja, das fand er auch und setzte sich hin.

Ich behielt ihn im Auge und sah, daß er nicht den Kasten mit seinem Namen auf den Tisch stellte, sondern er nahm einen Streifen und schrieb, ohne irgendwo abzugucken, left hand drauflos und hatte Jan P. geschrieben. Dann kam der Bindestrich, und dann hat er Pierre geschrieben, nicht nochmal Jan: »Jan P.-Pierre«. Beim zweiten Streifen schrieb er es noch einmal so. Beim dritten bin ich zu ihm hingegangen und hab seinen Kasten unterm Tisch rausgeholt und zu ihm gesagt: Jan geht bis hierhin. Und was siehst du dann?« »Ach«, sagt er, »dann kommt der Strich, und das kommt dann dahin.« »Ja«, sag ich, »das haben wir ja nur, weil du ihn verkürzen wolltest, geschrieben.« »Ja.« Das hatte er dann auch verinnerlicht. Aber das P hinter dem Jan war schon so automatisiert, daß er doch verunsichert war. Er konnte zwar den Bindestrich hinter das »Jan« schreiben, aber dann klappte es mit dem Pierre nicht mehr. Erst nach etlichen Versuchen, hat er dann Jan-Pierre richtig geschrieben.

Inzwischen ist eine Woche vergangen, und Jan-Pierre kommt nicht mehr auf die Idee, seinen Namen verkürzt zu schreiben. Ich habe ihn noch mal an den Heftumschlag erinnert. Er setzte sich sofort hin und schrieb seinen ganzen Namen, schrieb ihn richtig und verzierte das Bild.

Ann-Margrets erster Brief

Ann-Margret ist krank. Sie hat Scharlach, und wir denken jeden Tag an sie. Die Kinder schlagen vor, daß wir ihr ein Päckchen schicken. Das machen wir immer, wenn ein Kind längere Zeit krank ist. Sie setzen sich in und arbeiten etwas für Ann-Margret: basteln, malen, kleben ... Jeder nimmt sich eine Arbeit vor. Und weil es auch sehr plastische Sachen geworden sind, packen wir das Ganze in eine Tüte, ich schreib eine Karte dazu und lese sie vor. Dann kommt noch ein kleines Geschenk dazu von mir.

Janne ist die Briefträgerin und bringt die Tüte hin. Ann-Margret darf schon draußen Rollschuh fahren. Sie kann ihr die Tüte also ohne Ansteckungsgefahr übergeben. Am nächsten Tag kommt Janne wieder und bringt einen Brief mit, den Ann-Margret selbst geschrieben hat. Die Kinder wollen den Brief auch hören, weil sie gesehen haben, wie er mir überreicht worden ist. Und ich bin einen Moment im unklaren, ob ich ihn vorlese, oder ob ich es lieber sein lassen soll, um keinen Druck auszuüben. Aber ich lese ihn trotzdem vor. Es schien für die Kinder ganz selbstverständlich, daß Ann-Margret ihr Dankeschön für sie aufgeschrieben hat.

Wie Hanna lesen gelernt hat

Hanna kriegt inzwischen alle Wörter raus. Ich frage sie: »Wie hast du denn das nun gemacht?« Hanna sagt: »Also, ich hab immer meine Mama gefragt, was für Buchstaben es sind, und dann hab ich mir ein paar Buchstaben zusammengeholt, in den Büchern hab ich mir dann ein paar Buchstaben zusammengeholt und mir das Wort darausgedrückt, also darausgequetscht, wie man das, wie man das so macht. Also wenn da zum Beispiel ein S und ein O, dann war das eben So.«

Ich frage wieder: »Aber wer hat dir denn das gesagt, daß man die Buchstaben so zusammenzieht?« »Das hat meine Mama gesagt. Das hat sie mir erst so'n bißchen beigebracht. Erst hat sie mir immer was vorgelesen. Dann hab ich das erst ein bißchen abgelesen.« Ich sagte: »Du konntest doch noch gar nicht lesen. Hast du dir das im Kopf gemerkt?« Hanna sagt: »Genau. Dann hab ich erst richtig lesen gelernt. Und jetzt les ich abends manchmal. Immer wenn Mama liest, dann will ich auch lesen.«

Marinas Spiel mit dem Wörterbuch

Marina hat ein Wörterbuch gefunden. Es ist aus der Kiste »Schreiben–Lesen-Selber-tun«. Darin stehen neben den Bildern nur die Wörter. Sie hat sich einen Block geholt und auf jede Seite fünf Wörter geschrieben, nämlich die fünf Wörter, untereinander, die auch im Wörterbuch stehen. Dreizehn Seiten hat sie geschrieben – in einer Stunde – hintereinander weg. Dann hat sie das Wörterbuch weggebracht und mit Anita folgendes Spiel gespielt:

»Frage mich, wie so ein Wort heißt, und ich kann es dir sagen.«

Anita hat auf irgendein Wort gezeigt, und Marina wollte das Wort sagen. Aber sie wußte das natürlich nicht mehr. Als sie's schrieb, war's ihr klar, weil die Bilder ja davor standen. Dann konnte ich nicht hören, was sich zwischen den Kindern vollzog, weil ich etwas weiter weg war. Ich sah jedenfalls Marina aufstehen und das Wörterbuch wieder holen. Beide Kinder haben nebeneinander gesessen und abwechselnd auf ein Wort gezeigt und gefragt, was das heißt. Und dann blätterte die andere so lange in dem Buch, bis sie das Wort gefunden hat. Dann hat sie sich das Bild angesehen und konnte die Frage beantworten, sie konnte also das geschriebene Wort »lesen«.

Knut und sein Buntstift

Knut hat jetzt nach 3/4 Jahr Schulzeit festgestellt, daß man mit spitzen Buntstiften ordentlicher malen kann. Und nun spitzt er, so oft es geht, seine Buntstifte. Er hat von 14 Buntstiften 8 schon superspitz und kommt jetzt zu dem roten und kommt mit dem roten ganz aufgeregt zu mir und sagt: »Frau Wolf, guck mal, mein Roter ist schon ganz schön runtergekommen.«

»Heute war wirklich ein schöner Tag«

Es ist Freitag: ein Tag voller geplanter Aktivitäten, ausgewogen mit individuellen Freiheiten geht zu Ende. Es war ein harmonischer Tag, und die Kinder verabschieden sich, um ins Wochenende zu gehen. Sabine kommt und gibt mir die Hand und sagt: »Auf Wiedersehen, Frau Wolf.« Sie stürmt nach draußen, kommt gleich wieder zurück, gibt mir noch mal die Hand und sagt: »Frau Wolf, das war heute wirklich ein schöner Tag mit dir.« Ich bin ganz erstaunt über diesen Ausspruch und sage: »Weißt du, das find ich aber richtig toll, daß du mir das sagst. Da freu ich mich.« Und dann geht sie zu ihrem Fahrrad und fährt nach Haus.

Ich denke lange darüber nach, wie es kommt, daß ein sechsjähriges Kind so etwas sagt. Kinder, mit denen man zusammenlebt, übernehmen natürlich auch Gewohnheiten und Formen, übernehmen auch Redefloskeln und Redeweisen. Wenn ich z.B. manchmal sage: »Das ist ja ein Lümmel!«, so erzählen mir die Eltern, daß die Kinder zu Hause das Wort auch anwenden. Oder wenn ich sage: »Also, bei all dem Gewusel hier, da wird man total meschugge!«, dann erfahre ich von den Eltern, daß die Kinder dieses wirklich familienfremde Wort auch zuhause gebrauchen. Ich sage aber auch manchmal nach solchen ausgewogenen Tagen, wenn ich den Tag mit den Kindern beschließe: »Wißt ihr, das war wirklich ein schöner Tag heute mit euch!«

Jan-Pierre denkt nach

Jan-Pierre geht mit seiner Mutter einkaufen. Sie kommen an einem großen Plakat vorbei, auf dem Haie abgebildet sind, und Schriftkundige erfahren, daß es sich um Finanzhaie handelt. Sie gehen ein paar Schritte weiter, und Jan-Pierre sagt: »Mama, waren das Wale?« Seine Mama reagiert, wie Erwachsene oft reagieren, und sagt: »Ja.« Sie gehen wieder ein paar Schritte weiter. Da sagt Jan-Pierre zu seiner Mama: »Du«, sagt er, »jetzt weiß ich endlich, warum das Wahlplakate heißt.«

Knut hat Ärger mit der Fahrradkette

Knut macht in der Pause manchmal Unfug, und die Kinder sind gehalten, das nicht jedesmal den Erwachsenen mitzuteilen. Nur wenn es ganz was Schlimmes ist. Dann soll darüber berichtet werden.

Die große Pause war zu Ende, und Knut war nicht zu sehen. Einige Kinder standen ganz still vor der Tür, andere waren furchtbar aufgeregt. Einer sagte dann mit etwas leiser Stimme: »Knut hat von dem Fahrrad die Kette runtergetreten.« Nun ist Knut ein sehr zartes Kind, und ich konnte es mir nicht vorstellen, wie er das geschafft hat. Ich bin also – weil ich es nicht glaubte – mit den Kindern zu den Fahrrädern gegangen. Und da war das Fahrrad, bei dem die Kette lose um das Rad hing. Die Kinder sagten, Knut sei nach hinten gelaufen mit seinem Freund. Ich gab den Kindern eine Aufgabe – eine Malaufgabe –, damit ich nach Möglichkeit längere Zeit ungestört war und machte mich auf die Suche nach Knut, der wohl schon eine Ahnung hatte, daß Folgen auf ihn zukamen.

Ich sah ihn mit seinem Freund und rief ihn. Er kam nicht beim ersten, auch nicht beim zweiten Mal. Erst beim dritten Mal kam er. In der Zeit habe ich mir überlegt, wie ich es anstellen konnte, ihm das Leugnen zu ersparen. Aber es war doch eine so schwerwiegende Sache, daß er Konsequenzen tragen mußte. Sie standen beide vor mir, sahen mich an, etwas bedröppelt, und dann sagte ich zu beiden – die Tür zum Klassenzimmer war zu: »Zieht mal bitte eure Schuhe aus.« Das taten sie nicht, denn das ist ja eine ganz eigenartige Forderung. Und ich sagte etwas konsequenter: »Zieht bitte mal eure Schuhe aus.« Sie taten es immer noch nicht. Da sagte ich: »Jetzt zieht ihr bitte sofort die Schuhe aus!« Und sie zogen ihre Schuhe aus, ohne daß sie wußten warum. Ich nahm die Schuhe und roch an den Sohlen. »Hm, Hm«, sagte ich. »Na, wie riecht das hier eigentlich?« »Ja«, sagte Knut gleich ganz aufgeregt. »Ja, ja«, sagte Knut. »Meine Mutter hat meine Schuhe geputzt.« »Na ja«, sagte ich, »das ist ja auch ... das sieht man ja, aber daß sie da unten auch so riechen ... unter der Sohle ...« »Ja«, sagte Knut, »meine Mutter macht immer die Sohle mit. Die putzt immer die Sohle und die Absätze mit.« Das andere Kind stand still dabei. Ich nahm den Schuh vom andern. Der sagte gleich: »Bei mir riecht es nicht.« »Wieso riecht das nicht bei dir?« »Bei mir riecht es nicht nach Öl.« Ich sagte: »Warum riecht es denn bei dir nicht nach Öl?« »Nee«, sagte er, »ich hab das ja nicht gemacht. Ich hab ja nur geguckt.« Knut war sehr irritiert; ich erklärte ihm, daß ich wohl gerochen hätte, daß das keine Schuhcreme sei, sondern daß das Öl ist, und ich wüßte auch genau, woher das Öl käme. Das käme nämlich von den Fahrradketten, die er runtergetreten hatte.

Daraufhin ging ich mit Knut – der andere konnte reingehen – an den Fahrradständer. Wir holten das Fahrrad, und ich stellte es auf dem Flur so umgedreht hin, daß die

Räder nach oben zeigten. Dann sagte ich zu Knut: »Weißt du was? Das Kind, das mit diesem Fahrrad in die Schule gekommen ist, das will natürlich auch damit wieder nach Hause fahren. Und wie du siehst, ist das ein kleines Fahrrad und kein großes. Große Kinder könnten sich schon mal selbst behelfen. Das ist aber ein ganz kleines Fahrrad. Und ich finde, das Kind hat auch ein Recht darauf, daß es mit seinem Fahrrad nach Hause fahren darf. Und die Mutter, die weiß nämlich: mit dem Fahrrad braucht man so lange Wegzeit, und zu Fuß braucht man so lange Wegzeit. Und dann ängstigt sie sich, denn wenn das Fahrrad so bleibt, kann das Kind ja nicht nach Hause fahren. Nur weil du Lust hattest, die Kette abzutreten, muß das Kind jetzt den ganzen weiten Schulweg laufen und noch dazu das Fahrrad schieben! Das find ich nicht in Ordnung. Aber«, sagte ich, »wer eine Fahrradkette abtreten kann, der weiß sicher von sich, daß er die Fahrradkette auch wieder aufziehen kann.« »Nein«, sagte Knut, »nein, das kann ich nicht!« »Du«, sagte ich, »das glaub ich nicht. Ich trau dir zu, daß du die Fahrradkette wieder auf dem Zahnrad befestigen kannst.« »Nein«, sagte Knut, »das kann ich nicht!« »Ja«, sagte ich, »dir bleibt aber gar nicht anderes übrig. Wer Spaß daran hat, eine Fahrradkette runterzutreten, der muß als Folge die Fahrradkette wieder aufmachen.« Er guckte sehr ängstlich, und ich sagte: »Ich glaub ganz bestimmt, daß du das schaffst. Ich bin jetzt hier im Klassenraum. Und wenn du das in Ordnung gebracht hast, dann kommst du rein und sagst Bescheid. Dann sehen wir uns das zusammen an.«

Ich ging in die Klasse, machte die Tür zu und ließ ihn da stehen. Er tat mir unglaublich leid. Aber so einem Kind wie Knut muß durchaus gezeigt werden, daß seine Handlungen, die er gedankenlos macht, oder die er willentlich steuert, Konsequenzen haben, wenn sie wirklich so schwerwiegend sind.

Die anderen Kinder waren natürlich neugierig, und ich sagte ihnen, daß Knut das wieder in Ordnung bringt, und daß er dazu ein bißchen Zeit braucht. Sie sollten mal in Ruhe weiterarbeiten. Wenn er so eine schwere Arbeit macht, muß er nachher dafür das Bild nicht malen, denn seine Zeit verbraucht er ja dafür.

Nach einer Weile ging die Tür auf, und Knut stand in der Tür: er hatte in der Zwischenzeit angefangen zu weinen, und die ganze Schmiere hatte er beim Tränenabwischen in sein Gesicht geschmiert. Er lächelte und sagte: »Ich hab's geschafft.« »Ach«, sagte ich, »Knut, das finde ich ja phantastisch. Komm, wir gehen mal raus und sehen, wie's geht.« Ich machte die Tür zu und sagte noch: »Wir wollen nicht gestört werden.« Und dann sah ich mit einem Blick, daß die Fahrradkette nicht auf dem Zahnrad war; sondern sie lag daneben. »Ja«, sagte ich, »das sieht ja ganz in Ordnung aus. Nun wollen wir mal sehen, ob man auch, wenn man die Pedale bewegt, das Rad mitbewegen kann.« Das klappte natürlich nicht, und seine Freude wich aus dem Gesicht. Aber er mußte da durch! Und ich auch. Ich sagte: »Knut, du siehst ja nun, daß das noch nicht in Ordnung ist. Die Löcher hier in der Kette. Die müssen immer auf eine Zacke.« »Das kann ich nicht alleine!« sagt er. »Ja«, sagte ich, »hast du sie denn auch alleine runtergetreten?« »Ja.« Ich sagte: »Weißt du, wer sie allein runtertritt, der wird sie dann sicher auch alleine wieder draufmachen können.« »Nein«, sagt er, »da brauch ich jemand, der mir das Fahrrad festhält.« »Du«, sagte ich, »es hat ja auch vorhin keiner festgehalten. Du wirst sehen, das geht jetzt auch so. Und wenn du so weit bist, dann kommst du wieder rein und sagst mir Bescheid.« Er weinte, und ich war wirklich in einem ganz starken Konflikt, ob ich das auch selbst durchstehen konnte. Denn es war mir schon klar, daß er das wahrscheinlich ohne Hilfe nicht schafft. Trotzdem, dachte ich, es ist noch nicht genug Zeit vergangen, und er muß es in bleibender Erinnerung behalten, daß man das wirklich einem Kind – einem anderen – nicht zufügen darf.

Nach ungefähr 20 Minuten ging die Tür auf, Knut stand in der Tür, strahlte und sagte: »Jetzt hab ich das aber geschafft.« Ich muß gestehen, daß ich es nicht glaubte, aber trotzdem ganz zuversichtlich mit ihm rausging, die Tür wieder schloß und sagte: »Dann woll'n wir doch mal sehen. Du weißt ja jetzt, worauf es ankommt.« Die Kette saß fachgerecht auf dem Zahnrad, und wir konnte mit den Pedalen auch das Rad bewegen. Ich habe ihm dann geholfen, sich zu waschen. Wir haben auf dem Flur einen Spiegel hängen. Da hat er sich drin angeguckt. Als er sich nun etwas beruhigt hatte, bin ich mit ihm in die Klasse gegangen und hab gesagt: »Stellt euch vor, Knut kann ganz phantastisch Fahrräder wieder in Ordnung bringen. Er hat es tatsächlich geschafft, die Kette auf das Zahnrad zu montieren.«

Für die Kinder war die Sache damit erledigt: Knut aber war sehr aufgeregt. Er hat in dieser Stunde nichts mehr geschafft. Er hat sich an seinen Platz gesetzt und hat erst mal eine Verschnaufpause gebraucht. Dann waren die ersten Kinder auch schon fertig mit ihrem Bild. Da hab ich gesagt: »Wer fertig ist, der kann sich was an seinen Tisch zu spielen holen. Knut, du kannst dir auch was zu spielen holen.« Als die Situation sich dann allmählich immer mehr entspannte, weil mehr Kinder spielten, und nur noch wenige an ihrem Bild malten, ging ich so durch die Klasse. Da hörte ich, wie Knut zu seinem Freund sagte: »Du, da hab ich aber ein unverschämtes Schwein gehabt. Weißt du, meine Fahrradkette war gestern nämlich auch ab. Und mein Papa hat die wieder draufgemacht, und ich hab die ganze Zeit gestanden und geguckt, wie der das gemacht hat. Und deswegen konnte ich das heute.«

Andreas' verhaltene Vorfreude
auf die erste Klasse

Am Ende des Vorschuljahres frage ich die Kinder, ob sie sich auf die erste Klasse freuen. Alle wollen nun, daß es richtig losgeht. Nur Andreas reagiert etwas verhalten. Ich setze mich mit ihm in die gemütliche Ecke und frage ihn ganz allein, ob er sich auch auf die erste Klasse freut. »Ja«, sagt er, »ich freu mich schon auf die erste Klasse. Aber weißt du, da ist noch was.« Ich sage: »Andreas, was ist da denn noch?« und denke, daß er irgendwelche Probleme hat, die wir jetzt vielleicht zur Sprache bringen können. Er sagt: »Dann kann ich ja morgens gar nicht mehr in meinem Kinderzimmer spielen.« Ich sage: »Das ist richtig. Du wirst nicht ganz so viel Zeit haben morgens, aber es gibt ja auch noch den Nachmittag, und da kannst du ja in deinem Kinderzimmer spielen. Womit spielst du denn immer in deinem Kinderzimmer?« Da sagt er: »Ich hab ganz viele Playmos, so Playmomännchen auch.« »Naja«, sag ich, »da kannst du ja wirklich nachmittags spielen, denn ihr habt ja keine Schularbeiten auf. Im Anfang ganz bestimmt nicht, und dann bleibt dir ja noch viel Zeit.« Da guckt er mich ganz still an. Und dann sagt er: »Komm mal her.« Ich geh mit meinem Kopf ganz dicht zu ihm hin, und dann flüstert er mir in mein Ohr. »Weißt du, meine Playmomännchen, die reden alle nur am Vormittag mit mir.«

Aus Klasse 1

Martins Verhältnis zu den Buchstaben

Martin ging drei Wochen in die Schule und wußte noch nicht, daß man sich die Buchstaben, die man in der Schule lernt, auch merken muß. Bei dem Buchstaben I wollte ich ihm diesen Prozeß des Behaltens nahebringen und sagte: »Weißt du was, wenn du ihn morgen noch kannst, dann freu ich mich.« Und am nächsten Tag fragte ich Martin nebenbei mal: »Du, übrigens wie heißt der denn hier?« Und er sagte: »Das ist das I.« Daraufhin sagte ich: »Weißt du was, morgen ist Samstag, dann kommt der Sonntag, und wenn du Montag noch weißt, wie der Buchstabe heißt, der große und der kleine, der dazugehört, dann bekommst du von mir auf die Hand einen Stempel mit einem Igel, mit einem Iglu oder mit einem Indianer. Das kannst du dir aussuchen. Und damit du ihn dir besser merken kannst, schreib ich ihn dir noch mal auf eine kleine Fahrkarte. Die steckst du in deine Hosentasche, und immer wenn du dein Taschentuch rausholst, dann fühlst du ihn und guckst ihn dir noch mal an und sagst I.« Er freute sich, war auch ganz aufgeregt, steckte die Karte in seine Hosentasche und ging ins Wochenende.

Am Montag fragte ich ihn in der Stunde, in der auch die anderen Kinder Übungen zum I machten: er wußte es noch, wie dieser Buchstabe heißt. Als Stempel auf die Hand hat er sich den Indianer ausgesucht.

In der fünften Stunde, die Kinder spielten, ging ich an ihm vorbei mit einem Zettel, auf dem ein I stand und sagte: »Du, Martin, weißt du noch, wie der heißt?« Da dreht er sich empört zu mir um und sagt: »Wie lange soll ich mir den denn nun eigentlich noch merken!«

Jonas schreibt seine Geschichte

Jonas hat das Wort »malt« gelernt. Es ist die dritte Schulwoche. Die Kinder haben eine Namensliste in einer Klarsichthülle; auf der stehen die Namen von allen Kindern aus der Klasse. Die können sie zu Hilfe nehmen, wenn sie schreiben wollen, oder wenn sie sich miteinander in Verbindung setzen wollen. Ich hatte angeregt, daß sie jetzt – obwohl sie gerade erst in der 1. Klasse sind – schon etwas aufschreiben können, nämlich z.B. »Jonas malt«. Jonas malt ...; und ich hatte ihnen meine Stempel zur Verfügung gestellt, 120 Stempel. Da findet jedes Kind bestimmt etwas, das ihm gefällt. Die Stempel liegen in dem großen freien Raum in der Mitte. Die Kinder gehen also hin, suchen sich einen schönen Stempel aus, z.B. eine Puppe oder ein Auto. Damit es dann auch richtig klingt: »Jonas malt Puppen« oder »Renate malt Autos« – werden eben zwei Autos oder Puppen usw. dahintergestempelt. Mir ist dabei wichtig, daß die Kinder mal aufstehen können, ins Gespräch kommen, sich austauschen »was nimmst du denn?«, »was nimmst du denn?«, »oh, ich hab jetzt 'ne Geschichte von dir geschrieben«, und sich gegenseitig zeigen, was sie geschrieben haben. Es ist eine gute Arbeitsatmosphäre, die – trotz aller Intensität – auch eine gewisse Lockerheit spüren läßt.

Jonas braucht nun ziemlich lange, ist aber sehr angetan von dem, was er tut. Als ich bei ihm vorbeigehe, steht da auf seinem Zettel »Oma«. »Oma« konnte er schon in der Vorschule schreiben. »Oma malt«. Ich bin wieder weggegangen und denke, mal sehen, was er macht, was er seine Oma denn nun malen läßt. Dazu muß man wissen, daß seine Großmutter Obstbäuerin ist, die mit ihrem Mann einen großen Obsthof betreibt und in der Woche dreimal zum Markt fährt, um ihre Äpfel und Birnen zu verkaufen. Jonas ist liebend gerne auf diesem Bauernhof, fährt Trecker dort, den richtig großen Trecker – das hat er der Klasse auch vorgeführt – sehr sicher, ganz haarscharf an den parkenden Autos vorbei. Er pflückt auch mit seinem Großvater Äpfel und verliest sie mit ihm; er ist also voll mit im Betrieb, wenn er dort zu Besuch ist.

Jonas kommt zu mir und sagt: »Frau Wolf, wie wird eigentlich das Wort Kisten geschrieben?« Ich nehme einen kleinen Zettel und schreibe ihm das Wort »Kisten« vor. Ich gehe gelegentlich mal bei ihm vorbei, um zu sehen, wie seine Sache weiterläuft. Er hat »Kisten« richtig hingeschrieben und fängt nun auf der nächsten Zeile wieder mit einem »O« an. »Oh«, frag ich, »was schreibst du denn jetzt?« Er lächelt mich an und sagt: »Jetzt schreib ich Opa.« Ich sehe ihn an, sage aber nichts. »Opa kann ich aber nicht schreiben.« »Ja«, sag ich, »was kann man denn da machen?« Ich habe den Kindern zu Beginn des Schuljahres ein kleines Wörterbuch geschenkt, auf dessen erster Seite auch das Wort »Opa« steht. Er denkt eine Weile nach: »Ich guck mal im Buch nach.« Er holt das Wörterbuch raus, findet auf der ersten Seite sofort das Wort »Opa«, weil der Opa auch abgebildet ist, und schreibt es ab. Dann schreibt er wieder »malt«. Dann kommt er zu mir und sagt: »Jetzt kommt ein ganz langes Wort. Kannst du mir das mal aufschreiben?« Ich sag: »Wie heißt das denn?« »A-pfel-bäu-me«; er klatscht und zeigt mit den Armen, wie lang das Wort ist. Ich nehme den Zettel, auf dem das Wort »Kisten« steht, und schreibe auf die Rückseite »Apfelbäu-me«. Als er fertig ist, macht er einen sehr zufriedenen Eindruck. Er nimmt das Blatt mit nach Hause und will es seinen Großeltern zeigen.

Jonas malt

Kim malt

Oma malt Kisten

Opa malt Apfelbäume

Marco liest Briefmarken

In unserer Klasse haben wir schon seit der Vorschule einen großen flachen Kasten mit Briefmarken; eine Standlupe und eine Stiellupe sind auch dabei. Dieser Kasten ist sehr beliebt, denn auf den Briefmarken gibt es viel zu entdecken. Briefmarken sind ja zuweilen wie Kunstwerke mit einem bezaubernden Hintergrund und wunderschönen Motiven. Die Kinder holen sich den Kasten in kurzen Spielphasen, wenn die Zeit nicht reicht, aufwendiges Spielmaterial aufzubauen. Sie betrachten die Marken, unterhalten sich und vergleichen und zeigen, was sie gefunden haben.

Marco und Andreas hatten sich wieder den Kasten geholt. Plötzlich ist Marco sehr aufgeregt, flattert mit den Händen und kommt mit der Briefmarke zu mir. Er sagt: »Du, du!« Ich sag: »Was ist denn los?« »Du«, sagt er, »du, hier, hier kann man lesen!« Ich sag: »Was kann man denn da lesen?« »Du, da kann man lesen! Da steht was.« Sag ich: »Was steht da denn?« »Also, da steht ja ’ne Zahl«, sagt er, »und die Zahl, die bedeutet, wie teuer die Briefmarke ist.« »Ja«, sag ich, »da stehn ganz viele Zahlen – immer verschiedene.« Wir haben erst mal besprochen, daß ein Brief teurer ist als eine Postkarte, daß es auch Drucksachen gibt; und ein Päckchen kostet mehr und ein Paket noch mehr, und darum sind auch manchmal so viele Briefmarken in unserem Kasten an einer langen Reihe. Die sind eben alle von Paketen. »Und dann«, sagt er, »und dann steht da noch mehr.« Er meinte z.B die Namen oder die Bezeichnungen von Landschaften. Er konnte das zwar noch nicht lesen, aber er entdeckte, daß da Schrift stand, die Bezug hatte zu dem Bild. Er nimmt sich jetzt – das ist inzwischen schon drei Monate her – er nimmt sich sehr gerne noch immer diesen Briefmarkenkasten und versucht zu entziffern, was darauf steht.

Lucja und die Briefmarken

Lucja ist vor drei Monaten aus Polen gekommen; sie ist zurückhaltend und hat überhaupt noch keine Merkmale von diesem Konsumdenken, das Kinder in dieser Altersstufe ansonsten schon häufig haben. Lucja erzählt viel von zu Hause; sie wollen zu Weihnachten nach Polen fahren. »Dann geh ich jeden Morgen mit meinem Opa durch den Zaun in den Garten. Und dann hat er da auch noch seine Tiere.« Es ist ihr anzumerken, daß sie mir ihren Gedanken viel in Polen ist. Ich glaube, sie hat Heimweh.

Heute nun hat Lucja sich den Briefmarkenkasten geholt, als sie mit ihrer Zeichnung fertig war. Sie hat sich die Briefmarken angeguckt und kam – für ihre Verhältnisse sehr aufgeregt – zu mir. Sie spricht inzwischen gut deutsch. Ich redete gerade mit Müttern, und sie stellte sich mit an den Tisch und tippte mich an und hatte zwei Briefmarken, die aneinanderhingen, in der Hand; und ich sah sofort, was los war. Sie fragt mich: »Du«, sagt sie, »guck mal, du hast zwei Briefmarken von denen, zwei die genauso aussehen. Kannst du mir denn eine schenken?« Nun könnte das jedes Kind fragen. Die Briefmarken sind ja begehrt, und ich verschenke sie eigentlich nicht. Bei Lucja war das anders, denn Lucja hatte was entdeckt. Lucja hatte gelesen. Lucja hatte auf der Briefmarke »Polska« gelesen. Ich war wirklich – muß ich sagen – in dem Moment sehr gerührt, sah sie an und sagte: »Du, das will ich dir sagen: die schenk ich dir.« Ich löste die Briefmarke von der anderen ab und gab sie ihr. Und sie nahm sie in die Hand wie einen Schatz, sah mich an und sagte »danke«, und ging an ihren Platz.

Kurz darauf kam sie wieder und hatte sechs Briefmarken in einer Reihe und sagte: »Du, da hast du sechs davon. Da steht auch »Polska« drauf. Schenkst du mir die auch?« Und dann hab ich ihr alle sechs Briefmarken von Polska geschenkt.

Knut ist wunschlos glücklich

Der Nikolaus hatte für die Kinder einen Sack in die Klasse gestellt, in dem für jeden ein kleines Geschenk drin war. Dazu hatte er einen Zettel geschrieben und ihnen berichtet, daß es bei ihm ziemlich chaotisch zugegangen sei in letzter Zeit, und er könnte also nicht dafür garantieren, daß er jeden Wunschzettel finden würde, und er würde sie bitten, in ihrem eigenen Interesse doch nochmal einen Wunschzettel zu schreiben, damit alles in Ordnung geht. Ich sagte dann: »Das könnten wir ja mal am Anfang der nächsten Woche machen.« Als dann der Montag kam, setzten wir uns in den Kreis und sprachen über den Wunschzettel: Knut war davon nicht besonders angetan, aber er hörte sich an, was die anderen Kinder sagten. Weil ich gern wollte, daß sie Mut schöpften, sagte ich: »Vielleicht können wir mal den einen oder anderen Wunsch versuchen zu buchstabieren, so daß ihr dann wißt, wie man das auch aufschreibt.«

Knut war der vierte, der an die Reihe kam. Er hatte also gehört, wie drei Kinder ihre Wünsche formulieren, und er hatte auch gesehen, daß wir sie gemeinsam buchstabiert haben, und auch, daß wir den einen oder anderen Wunsch mal so buchstabierend zu Papier gebracht hatten. Er saß inzwischen ganz vorne auf seinem Stuhl, vollkommen gespannt, als ich sagte: »Knut, was wünschst du dir zu Weihnachten? Was möchtest du denn auf den Zettel schreiben?« Daraufhin schluckte er etwas trocken – sah mich an – und sagte: »Weißt du, Frau Wolf, ob du's glaubst oder nicht, ich bin wunschlos glücklich.«

Knut bleibt beim Vorlesen die Spucke weg

Die Kinder hatten Texte zum Erlesen bekommen, die unterschiedliche Schwierigkeiten enthielten. Sie konnten mit ihrem Nachbarn lesen. Sie konnten sich mit ihren Tischkumpeln besprechen. Das Ziel war, den Text vorzulesen. Außer mir waren noch vier Mütter da, denen die Kinder den Text vorlesen konnten. Knut hatte sich mit seinen drei Tischnachbarn zusammengetan und hatte interessiert zugehört, wie sie an den Text herangingen. Sie hatten alle den gleichen Text. Seine Augen gingen nun hin und her, und er versuchte, ohne sich anstrengen zu müssen, möglichst viel zu erhaschen von dem, was die anderen sich mühevoll erlesen hatten. Kurze Wörter hat er auch allein ganz gut hingekriegt. Bei längeren Wörtern war er pfiffig genug aufzupassen, wo die Kinder waren, und sich die Stelle zu merken.

Ich ging an den Tisch, an dem Knut saß, setzte mich an die Stirnseite und fragte, wer denn nun wohl anfangen will zu lesen. Constantin wollte lesen. Ich sagte zu den drei andern: »Ihr könnt ja mit euren Augen mitlesen. Das ist ganz gut, wenn man das noch mal hört, wie's da steht.« Constantin las sehr langsam, Klaus-Hendrick kam mit dazu, so daß sie zu zweit lasen. Es dauerte eine gewisse Zeit, bis sie in Ruhe den kurzen Text erlesen hatten. Dann fragte ich Jonas und Knut, wer von ihnen jetzt vorlesen möchte; Knut ließ Jonas den Vortritt. Und Jonas erlas sehr gründlich, sehr gewissenhaft den gesamten Text. Er ließ sich nicht aus der Ruhe bringen, sondern konzentrierte sich auf das, was er sich vorgenommen hatte. Knut nutzte die Zeit aber nicht, um sich das noch einmal anzuhören und zu vergleichen, sondern ging mit seinen Augen hin und her, verfolgte das Geschehen im Raum und wartete sozusagen in Abwesenheit darauf, daß er zum Vorlesen kam.

Als es dann so weit war, strengte er sich wirklich an; er hatte ja nun gesehen, wie das bei den anderen drei Kindern so gelaufen war. Da wollte er wohl nicht hintenanstehen: er konzentrierte sich und bekam eine Menge Wörter, die ihm noch nicht bekannt waren, mit mehr oder weniger Hilfe heraus. Man merkte seinem körperlichen Verhalten an, daß er sich beim Vorlesen richtig verausgabte. Er zappelte am ganzen Körper, leckte sich die Lippen, und seine innere Anspannung kam nach außen und wurde sichtbar. Er wollte auch nicht aufhören, sondern den Text bis zu Ende lesen. Als er beim ungefähr letzten Stück war – sagen wir die letzten fünf Wörter –, da wischte er sich mit der Hand über die Stirn und sah mich an: »Frau Wolf, ich muß dir mal was sagen. Jetzt bleibt mir aber wirklich die Spucke weg.«

Anita protestiert

Wir wollten in diesem Jahr wieder eine Nikolausfeier veranstalten, diesmal bei einem Kind, dessen Eltern über Räume verfügen, die sich für Festlichkeiten eignen. Sie sind wirklich groß: Eltern und Geschwister konnten mitkommen. Und wir haben ein Programm geplant für den Nachmittag, denn ich befürchtete, daß mir das Ganze aus den Händen läuft, weil eben der Raum, in dem die Feier stattfinden sollte, sehr weitläufig ist.

Wir wollten Lieder singen, Verse aufsagen, wir wollten mit den Eltern basteln und einen Weihnachtstanz tanzen. Zum Schluß wollten wir noch die bekannten Weihnachtslieder zum Klavier singen, und irgendwann sollte auch der Nikolaus kommen. Bei den Vorbereitungen konnten die Kinder mit entscheiden, was sie für diese Programm übernehmen wollten. Wir hatten eine ganze Menge Verse zur Verfügung, von denen sich jedes Kind etwas aussuchen konnte. Ich las zuerst den Vers vor, so daß die Kinder wußten, was sie inhaltlich lernen sollten. Eigentlich war jedes Kind zufrieden, dachte ich. Den Vers sollten sie dann auch zu Hause auswendig lernen.

Anita und Lisa, zwei Kinder mit einer kräftigen Stimme, hatte ich gebeten, das Begrüßungsgedicht zu lernen. Ich versprach mir davon, daß das wie eine Anfangsfanfare durch den Raum klingen würde. Am nächsten Tag kam Anita zu mir. Sie wollte sich beschweren. Ich sag: »Worüber willst du dich denn beschweren?« »Ja, also ich will mich darüber beschweren, daß ich so'n komischen Vers gekriegt hab.« – »Was findest du denn da so komisch dran?« – »Den will ich nicht lernen.« – »Aber warum willst du denn den nicht lernen?« »Nee ...«, und Lisa hätte auch gesagt, sie will den auch nicht lernen. Sie hätten sich gestern nachmittag getroffen, und da haben sie sich den durchgelesen. Und da fanden sie den nicht gut. »Wenn du mir sagen kannst, warum du ihn nicht gut findest, wenn du das begründen kannst, dann kann ich mit euch darüber reden. Dann kann ich es dir entweder erklären, oder du kannst dir einen anderen aussuchen.«

Daraufhin ging Anita zu Lisa, und sie besprachen sich. Nach einer Weile kamen sie wieder, und dann sagten sie: »Wir wissen jetzt, warum wir den nicht lernen wollen.« Ich sag: »Warum denn nicht?« »Ja«, sagte Lisa, »guck mal, das ist doch ungerecht. Bei allen Kindern in den Versen, da ist mal was vom Weihnachtsbaum, oder vom Weihnachtsmann, oder von Maria und Josef, oder von den Engeln. Und bei uns ist gar nichts. Bei uns begrüßen wir die Leute nur und wünschen ihnen 'ne schöne Zeit und weiter ist gar nichts. Nichts vom Weihnachtsmann, nichts vom Weihnachtsbaum, nichts vom Winterwald ... Das wollen wir nicht!« »Ja«, hab ich gesagt, »das ist auch in Ordnung. Wenn euch das nicht gefällt, suchen wir für euch jetzt ein neues Gedicht aus.« Und ich holte mein Buch mit Weihnachtsgedichten. Sie haben sich für zwei plattdeutsche Verse entschieden: »Wihnachen oben, denn kummt dat vun boben« und »Wihnachsmann, kennst du mi?«. Erleichtert zogen sie auf ihren Platz zurück.

Janne und Anna nehmen zum Lesen einen Holzklotz

Zu Beginn des Schuljahres hatten wir eine Wandtafel erstellt, in deren Mitte ein großes Klassenfoto von uns ist. Und über dem Foto steht »Wir«. Von dem Foto führen Striche zu Einzelfotos der Kinder. Und neben das Einzelfoto hat jedes Kind seinen Namen geschrieben. Außerdem hängen noch eine Menge kleine Texte danebe, die nach und nach dazugekommen sind.

Ich hatte schon öfter beobachtet, daß sich kleine Gruppierungen an dieser Wandtafel zusammenfanden, und wunderte mich, daß sie selbst nach drei Monaten offenbar immer noch aktuell war. Aber sonst hatte ich weiter nichts bemerkt. Ich weiß nicht warum.

Eines Tages kam Janne zu Anna und sagte: »Wolln wir wieder das Spiel machen?« Anna wußte nicht gleich, was sie meint. »Na, du weißt doch, das mit dem Klotz.« »Au ja«, sagte Anna, stand von ihrer Arbeit auf und ging zu der Wandtafel. Und da hab ich gedacht: Jetzt mußt du doch mal aufpassen, was sie da eigentlich machen. Ich hab mich in die Nähe gesetzt, und im Nu waren noch drei andere Kinder dabei. Janne hatte einen kleinen Klotz in der Hand, ungefähr vier mal vier Zentimeter, mit einer winzigen Perle als Griff. Das war ein kleines Puzzleteil aus einem geometrischen Puzzle, das ich beiseite gelegt hatte, weil wir es in der ersten Klasse nicht mehr benutzen. Ich hatte den Klotz in die Rinne von der Tafel gelegt und gedacht: Wenn du nächstes Jahr wieder die Vorschulklasse hast, da nimmst du den Klotz und bringst ihn an die richtige Stelle.

Die Kinder hatten also den Klotz mit dem Griff entdeckt. Und nun sah ich, was sie damit machten. Janne war die Spielführerin. Sie nahm den Klotz. Sie deckte in Windeseile ein Foto zu, das genau die Größe des Klotzes hatte – so ein kleines Paßfoto von einem einzelnen Kind. Es blieb also nur noch der Name daneben stehen. Die Kinder lasen jetzt also, d.h. sie versuchten den Namen zu lesen. Das klappte gut, denn im Laufe der Zeit hatte sich das natürlich geübt. Wenn sie den Namen herausgefunden hatten, nahm Janne den Klotz hoch, und sie konnten sehen, ob sie den Namen richtig gelesen hatten. Es war nicht so, daß jedesmal ein anderes Kind Spielführer wurde, sondern: wer die Idee zu dem Spiel hatte, der war für lange Zeit erst mal der Spielführer. Weil in der Klasse 26 Kinder sind, und Janne nicht sagte, wen sie als nächstes dran nahm, sondern in großer Geschwindigkeit immer wieder ein neues Foto zudeckte, konnten die anderen auch nicht vorher wissen, welcher Name dran ist, so daß sie den Namen richtig erlesen mußten. Das hatten sie nun schon drei Monate gemacht und waren im Erlesen der Namen sicher geworden.

Hanna gestaltet ein H,
und Lena kann es nicht sehen*

Es ist Montagmorgen in der ersten Klasse. Die Kinder sitzen im Kreis. In der Mitte liegt auf dem Fußboden ein Rechteck, 40 x 30 cm groß. Das Rechteck ist gelb und hat rundum einen schwarzen, vier cm breiten Rand. Daneben stehen fünf Kästen, in denen zugeschnittene, schwarze Kartonstreifen liegen. Die Streifen sind verschieden groß, von jeder Größe sind es immer zwei. »Oh«, sagt Janne, »das ist wie ein Bilderrahmen.« Marco meint, man könnte ein Wort reinschreiben, oder ein Bild malen. Und Lena sagte gleich, was sie malen will: Ein Mann und eine Frau sitzen beim Frühstück. Anna meint, sie macht daraus ein Fenster und will zwei Streifen dazukleben und Gardinen und Blumen dazumalen. Es kommen viele Vorschläge, bis ich die zwei Streifen von Anna wieder aufgreife, sie aus einem der Kästchen nehme, die neben dem Rechteck stehen, und sie neben das Rechteck lege.

»Die sind viel zu klein«, meint Jost und denkt an das Fenster und will gleich größere suchen. Ich halte ihn zurück und sagen zu allen Kindern, daß wir jetzt einmal nur mit diesen beiden Streifen arbeiten wollen. Das sei eine Abmachung. »Oh«, meint Jan-Carlos, »da kann man ein Zelt mit machen«, und legt es auf das Rechteck. Andere Kinder legen einen Berg, ein Kreuz, ein Ist-Gleich-Zeichen und vieles mehr. Und dann kommt Derya. Und Derya legt ein V. »Das ist ein Vogel Vau«, sagt sie. Renate geht in die Mitte und legt das L. Daraufhin ermuntere ich sie, doch mal ein H zu legen. »Das geht nicht«, darin sind sie sich alle einig und wollen einen dritten Streifen. Ich erinnere an die Abmachung, nur zwei Streifen zu nehmen und versichere, daß es ganz bestimmt auch mit nur zwei Streifen geht, wenn man es nur ausgiebig probiert, genau beobachtet, was passiert. Es kann hier nicht wiedergegeben werden, wie sie die Streifen hin und herschoben, sich gegenseitig Ratschläge gaben und letztlich die leere Fläche erkundeten.

Plötzlich sagt Hanna: »Halt mal!«, springt auf und versucht den anderen deutlich zu machen, was sie sieht. Durch gezieltes, gleichmäßiges Abdecken der gelben Fläche ist durch gleichzeitiges Einbeziehen des schwarzen Randes ein schönes, gelbes H sichtbar geworden. Die Kinder reagieren sehr angespannt – manche erleichtert – und klatschen, was sie zuvor noch nie getan hatten. Es muß eine schwere Aufgabe gewesen sein. Nur Lena kommt in die Mitte und sagt: »Ich kann kein H sehen.« Hanna nimmt die Streifen ab und erklärt, wohin sie gucken, und worauf sie achten müsse. Jeder kann in die Mitte kommen und ein – je nach Streifenbreite – dickes, dünnes oder mitteldickes H legen. Danach wird noch ein L, ein T, ein E und ein F durch Ab-

* Vorabdruck in: Die Grundschulzeitschrift (Heft 57/1992), S. 10f.

decken der gelben Fläche belegt. Die Kinder klatschen jedes Mal, wenn eine neue Form sichtbar wird. Das gelbe Rechteck nennen sie Zaubertafel. Und so eine wollen sie auch für zu Hause haben.

Bis zum nächsten Tag ist die Pappe für die kleinen Rechtecke 10 x 14 cm vorbereitet. H, L und T arbeiten alle Kinder. E und F nur etwa die Hälfte, weil es besonders schwierig ist. Jeder zeigt am Ende der Stunde, sozusagen als Generalprobe für zu Hause, ob ihm das gezielte Abdecken der Fläche auch sicher gelingt. Die Zaubertafel – mit Zubehör – kommt in einen Briefumschlag, und die Kinder gehen gespannt heim. Am nächsten Tag berichten einige Kinder, daß ihre Eltern auch große Schwierigkeiten hatten, die Binnenformen so aufzulegen, daß der Buchstabe sichtbar wurde.

Ich zeige den Kindern die drei Tafeln von Renate Tost aus Dresden, auf denen alle Buchstaben des ABC durch Abdecken von Flächen sichtbar gemacht werden können. Sie verwendet als Grundform das Rechteck, das Dreieck und den Kreis. Die Kinder sind fasziniert und möchten die Buchstaben aus dem Dreieck auch noch nachgestalten. Das Konstruieren der Buchstaben und das Finden der Zeichen mit gestalterischen Mitteln hat sie in ihrer visuellen Wahrnehmung sensibilisiert. Sie haben mit den Binnenformen gespielt.

Die Regensonne[*]

Eine andere Methode, einmal Buchstaben zu gestalten, ist der Umgang mit der Schere. Ohne vorher die Konturen aufzuzeichnen, schneiden die Kinder aus 10x14 cm großen Rechtecken den Buchstaben aus. Das gelingt ihnen diesmal sehr gut, weil sie ja die Binnenform in der vorherigen Sequenz schon entdeckt hatten. Diesmal ist es eben nur umgekehrt: Die Skelettform muß erkannt werden, und die Binnenform wird ausgeschnitten. Zielsicher gelingt es jedem Kind nach der vorangegangenen Übung, die Buchstaben auf Anhieb auszuschneiden; z.B. das H. Aus den Rechtecken, die bei der Form abfallen, schneiden sie wiederum ein neues H, das diesmal nur sehr viel kleiner wird. Und so haben sie Spaß, immer wieder die ausgeschnittenen Rechtecke zu benutzen. Ganz besonders Spaß haben sie, als Janne zu mir kommt, eine Lupe verlangt, um ein winziges H zu schneiden. Jedes Kind sammelt seine Buchstaben in einem Briefumschlag und entscheidet selbst, wann es genug sind.

Danach werden die Buchstaben zu einer Collage aufgeklebt. Die Kinder sprechen sich ab, wer mit wem zusammenarbeiten will. Und so entstehen verschieden große Arbeiten.

Marco arbeitet lieber allein und entscheidet sich für einen kleinen Bogen. Lena, Hanna und Martin wollen zusammenarbeiten und benutzen dafür ein sehr großes Blatt. Sie legen die Buchstaben auf und können zum Aufkleben Hilfe verlangen, weil die kleinen Buchstaben für die Kinder sehr mühevoll zu kleben sind. Am Ende hängen wir die Bilder aus und freuen uns über die vielen verschiedenen Formen, die die Kinder gefunden haben. Manche Kinder wollen ihrem Bild sogar noch einen Namen geben. Lena, Hanna und Martin nennen ihre Arbeit: Die H-Versammlung. Und Ann-Margret sagt: »Unser Bild heißt Regensonne.« Ihre Gruppe hatte sich für das T entschieden und die Buchstaben im Kreis angeordnet. Als der Kreis gefüllt war, blieben noch kleine T's übrig. Diese wurden als »Regentropfen« auf das ganze Blatt verteilt.

[*] Vorabdruck in: Die Grundschulzeitschrift (Heft 57/1992), S. 11.

»Die Regensonne«

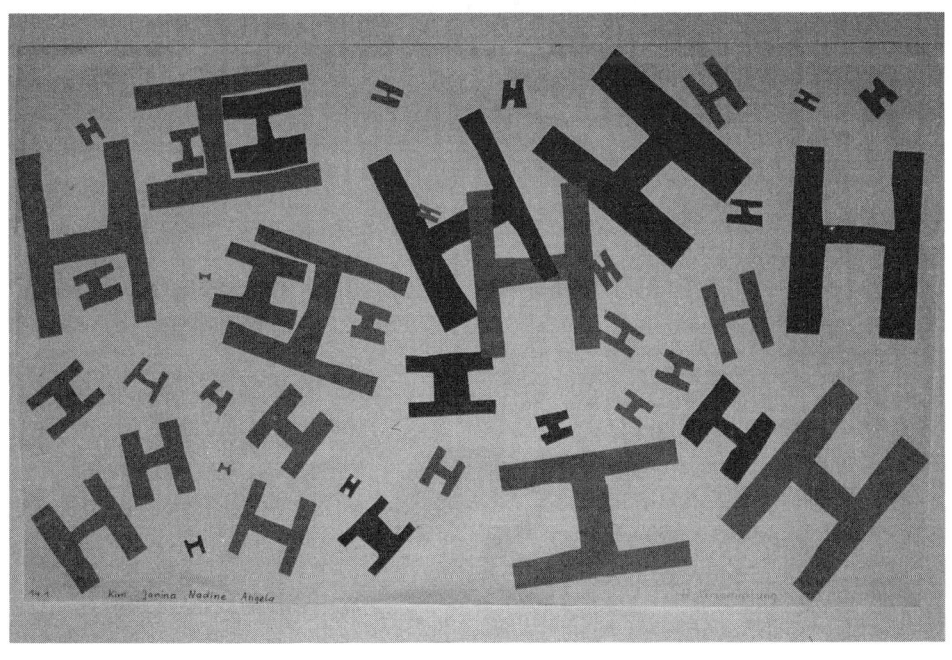

»Die Versammlung«

Andreas und das Wort »weiß«

Ich möchte, daß die Kinder das Wort »weiß« schreiben lernen und dabei das Problem des Wortes ins Bewußtsein bekommen. Ich frage so einfach mal in die Runde, ob uns jemand das Wort »weiß« schon buchstabieren kann, und Andreas meldet sich. Er buchstabiert das Wort »weiß« richtig. Ich bin etwas verblüfft und frage ihn, woher er es kennt. Er ist etwas langatmig in der Sprache und sortiert die Wörter vorher: »Du weißt doch, ich hab eine kleine Schwester, die heißt Maria, und einen Bruder. Und zu Weihnachten hat meine Tante uns jedem einen Adventskalender gemacht. Und als wir das Paket aufmachten, was sie uns geschickt hatte, da wußten wir überhaupt nicht, wem welcher Adventskalender gehört. Und dann hat meine Mama den Brief gelesen, und da stand drin Andreas: blau; Peter: rot; Maria: weiß«. – Inzwischen ist Februar!

Jan-Pierre spart Zeit

Die Kinder sollten möglichst sinnvoll das Wort »heißt« üben und damit auch über das Problem in diesem Wort, das »ß« und das »ei«, nachdenken. Um es nun oft genug schreiben zu müssen, sollten sie aufschreiben – in einzelnen Sätzen, je auf eine Zeile –, wie ihre Eltern und ihre Geschwister, ihre Großeltern, ihre Freunde heißen. Und dann fingen sie an: Ich heiße Jan-Pierre. Meine Mutter heißt Hilde, usw..

Nach einiger Zeit kommt Jan-Pierre zu mir, strahlend, aber auch etwas unsicher, ob das, was er gemacht hat, auch für gut befunden wird. Ich sag: »Na, Jan-Pierre, was willst du mir denn zeigen?« Da guckt er mich an und sagt: »Du, ich hab Zeit gespart.« Ich sag: »Wie hast du das denn gemacht?« »Weißt du«, sagt er, »ich hab einfach geschrieben: meine – Brüder – heißen – Peter und Björn.« Und er war zufrieden. Einige Kinder hatten das gehört und machten es nach.

Es ist Fasching

Alle Kinder kommen im Faschingskostüm von zu Hause, und bei den Jungen sind es natürlich wieder Kostüme wie Cowboy, Seeräuber, Indianer. Dann kommt Knut. Knut ist ziemlich klein und feingliedrig. Knut tritt also in die Klasse und sieht – für das Verständnis von Erwachsenen – bezaubernd aus. Er hat eine Strumpfhose an, darüber ein locker fallendes Oberteil, das ihm bis zur Hüfte geht und voller Blümchen und Ornamente ist. Er trägt einen Gürtel. Und er hat einen ganz entzückenden Hut auf mit einer ellenlangen Feder. Die Feder ist eine Straußenfeder, ist geschwungen und puschelt sich so an seinem Kopf lang. Man schmilzt dahin. Knut aber fühlt sich sehr unbehaglich in diesem ausgesprochen schönen Kostüm.

Nachdem der Fasching nun angefangen hat, geht jedes Kind – das ist so Tradition – mit seinem Kostüm über einen Laufsteg, stellt sich vor, und ich gebe einen kleinen Kommentar dazu; so daß das Ganze etwas aufgelockert ist. Die Kinder sind sehr stolz bei dieser Aktion. Knut tritt also auch auf diesen Laufsteg, versucht so sicher zu laufen, wie's nur geht. Und als er in der Mitte steht, und wir ihn fragen, was er denn nun eigentlich ist, sieht er uns mit Zielsicherheit an, steht plötzlich ganz gerade und sagt; er sei ein »Muskeltier«.

Martin gibt seine Kenntnisse weiter

Martin ist der älteste der Klasse und ungewöhnlich ruhig. Er hat vier Geschwister, und seine Eltern können sich nur wenig um die Kinder kümmern. Martin ist den ganzen Tag auf sich allein angewiesen. Ich habe mit ihm ein sehr ernstes Gespräch gehabt und hab ihm versucht zu erklären, daß er mit seinem Kopf lernen muß, und daß ich ihm auch nicht immer zur Seite stehen kann, denn er will ja bald in die zweite Klasse, und dann bin ich da nicht mehr. Und so ist er wirklich jetzt bemüht, sich für sein Lernen selbst verantwortlich zu machen. Das klingt zwar hochtrabend, aber mit welcher Ernsthaftigkeit er diese Sache angeht, das ist manchmal anrührend.

Wir wollten zu Hagenbeck gehen und haben 14 Tage vorher gesagt, wir wollen uns erst mal Kenntnis verschaffen über einige Tiere, damit wir – wenn wir die Tiere sehen – einiges verstehen von ihrer Lebensweise und von ihrem Verhalten. Dazu habe ich in der Klasse viele Bücher ausgelegt; auch Kataloge aus anderen Tierparks – aus Tierparks der ganzen Welt –, und Martin hat dabei entdeckt, daß er eine große Vorliebe für Tiere hat. Morgens, wenn er kam, ging er an den Buchtisch und suchte sich das aus, was er sich ansehen und lesen wollte, bis der Unterricht offiziell anfing. Ich merkte, daß er sich immer wieder den Katalog von Hagenbeck holte, der auch da lag. Zwischenzeitlich kam er mal zu mir und erzählte verwundert etwas von den Tieren, das er sich selbständig erlesen hatte. Martin liest noch langsam, er liest auch über Schwierigkeiten hinweg. Trotzdem ist vieles von dem in sein Bewußtsein gekommen, was über das Tier in dem Katalog stand.

Dann kam der Tag, an dem wir nach Hagenbeck fuhren. Die Kinder hatten in der U-Bahn immer schon die Straßen gelesen, die Haltestellen. Jan-Carlos las im Zoo ganz aufgeregt die Schilder »Bitte nicht füttern«, und Martin ging leise und interessiert an die Tiere heran. Und dann waren wir beim Panzernashorn. Alle standen vor dem Gitter und guckten sich dieses faszinierende Tier an. Da sagte Martin: »Ich will euch mal was sagen. Das Panzernashorn hat nur kleine Ohren. Das kann kaum was hören. Und das Panzernashorn, das seht ihr ja, hat ganz kleine Augen. Das kann auch kaum was sehen. Aber wißt ihr, was das Panzernashorn kann? Das Panzernashorn hat einen ganz wunderbaren Geruchssinn.« Alle Kinder waren still. Martin sagte es sicher und ruhig. Als er merkte, wie die anderen ihm zugehört hatten, wuchs er innerlich, und es gab noch manches Tiergehege, an dem er uns seine Kenntnisse mitteilen konnte. Martin hat seitdem viel Lust zu lesen, und Martin schreibt seitdem auch einige Geschichten.

Sabine macht sich einen Erinnerungszettel

Das Wetter war immer so schlecht, daß wir langfristig keinen Tag festlegen konnten, an dem wir nach Hagenbeck fahren. Hals über Kopf hab ich dann am Sonntag beschlossen, am Dienstag den Ausflug zu unternehmen, weil ein kurzes Zwischenhoch angesagt war. Ich habe am Montag mit den Kindern eindringlich den Elternzettel durchgesprochen. Und bevor wir nach Hause gingen, haben wir noch den einen Daumen in die Faust gedrückt und gesagt: »Den Daumen drücken wir, daß das Wetter gut wird.« Und dann haben wir den Daumen der rechten Hand auch noch in die Faust gedrückt und gesagt: »Den Daumen drücken wir, daß keiner krank wird.« Da rannte Sabine zu ihrem Platz. Und als sie mir Auf Wiedersehen sagte, da habe ich sie gefragt: »Was hast du denn da vorhin so schnell noch geschrieben?« Sie zeigte mir etwas verschämt einen Zettel, auf den sie zwei Fäuste gemalt hatte, in die die Daumen geklemmt waren, und sagte: »Ich hab mir einen Erinnerungszettel gemacht. Weißt du, wenn ich zu Hause spiele, dann vergesse ich das manchmal.«

Renate geht auf Nummer sicher

Renate war bei der Besprechung des Elternzettels für Hagenbeck sehr interessiert an allem, das auf dem Zettel stand; aber ich konnte ja nicht alles aufschreiben. Auf dem Zettel stand z.B. nicht, welches Futter die Kinder mitbringen durften und welche Tiere nur gefüttert werden konnten. Renate setzte sich in der anschließenden Tischspielzeit an ihren Tisch und schrieb und schrieb und schrieb ... Nach einiger Zeit kam sie – vorsichtig wie immer – zu mir und zeigte mir ihren Zettel. Ich sag: »Was steht denn da alles drauf?« »Ja«, sagt sie, »weißt du, ich hab mir noch mal den Elternzettel durchgelesen und alles, was du uns gesagt hast, was nicht auf dem Elternzettel stand, und was wir aber auch bedenken müssen, das hab ich mir jetzt für mich aufgeschrieben, damit ich es bis morgen nicht vergesse.«

Hanna weiß, was sie werden will

Hanna kann bereits lesen, als sie in die erste Klasse eingeschult wird. Sie liebt Bücher, ist aktiv und will viel wissen. Bei unseren Vorbereitungen für Hagenbeck tragen wir natürlich auch die Erfahrungen zusammen, die die Kinder bereits im Zoo gemacht haben. Fast jedes Kind war schon einmal im Tierpark. Wir stellen eine vier Meter lange Wandzeitung zusammen mit Bildern und Wörtern und mit kleinen Texten vom Zoo.

Einmal erzählt uns Hanna das Erlebnis mit ihrer Schwester. Eine wirklich ungewöhnliche Geschichte voller Spannung für die Kinder und mit einem witzigen Ende.

Ich frage Hanna, ob sie diese Geschichte für die Wandzeitung aufschreibt. Sie setzt sich sofort hin und schreibt, bis die Geschichte auf dem Papier ist. Sie liest sie mir noch einmal vor, und wir befestigen die Geschichte, zusammen mit einem großen Pavianposter, das ich in der Zwischenzeit gesucht habe, an der Wandzeitung.

Eine ganze Weile noch steht Hanna allein davor. Dann kommt sie zu mir und sagt – sehr leise: »Du, jetzt weiß ich endlich, was ich werden will! Ich werde Dichterin!«

Wir waren mal im Zoo.
Auch bei den Affen.
Mama hatte Suse gerade auf den
Rand gesetzt. Da fragte sie Suse:
Wo hast du denn deinen Schuh?
Da sahen wir den Pavian.
Er saß auf dem größten Stein und zog
Suses Schuhbänder aus dem Schuh.
Da fragte Papa: Was wollen wir
denn mit einem Schuh? Und schmiß
den anderen hinterher. Und so mußte
Suse barfuß nach Hause gehen.

Jost macht seinem Herzen Luft

Zu unserer Schule gehört ein Spielplatz, der ziemlich weit von der Klasse entfernt ist und auf dem nicht in jeder Pause Aufsicht geführt werden kann. Deshalb gilt die Absprache, daß die Kinder aus Klasse 1 nur mit einer Begleitperson dorthin gehen dürfen.

Eines Mittags fand ich unter dem Platz von Knut einen Zettel von Jost. Darauf stand: »Wir denken uns ein Spiel aus in der Pause. Wir wollen schaukeln und klettern und auf den Bergen spielen.« Ich schrieb meinen Satz dazu und legte ihn auf Josts Tischplatz. Am nächsten Mittag lag der Zettel deutlich sichtbar wieder auf dem Tisch.

Jost hat den Vorteil des Schreibenkönnens voll ausgekostet.

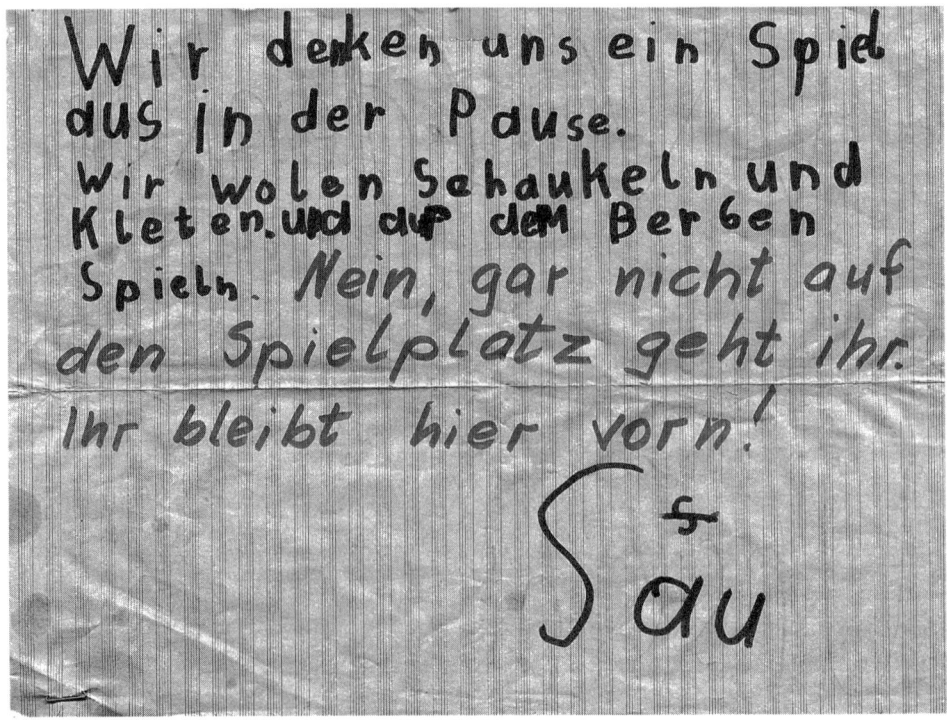

Jonas hat eine Bitte

Jonas hat sehr lange Zeit gebraucht, bis er Mut hatte, etwas zu malen. Inzwischen malt er gern und hat einen eigenwilligen Malstil entwickelt.

Nach den Osterferien brachte er mir als Geschenk ein Bild mit, an das er hinten diesen Zettel geheftet hatte. Auf dem Zettel hatte er etwas geschrieben, und es war zu lesen: »Bitte das Bild in der Sonne aufhängen.« Ich freute mich zunächst über das Bild und fragte ihn dann, warum ich das Bild an das Fenster hängen soll. Da wurde er ganz aufgeregt und sagte: »Weißt du was, auf dem Bild ist doch eine Sonne. Und ich hab gesehen, wenn man die Sonne an das Fenster hält, dann scheint sie richtig und leuchtet.« Das haben wir dann gemacht.

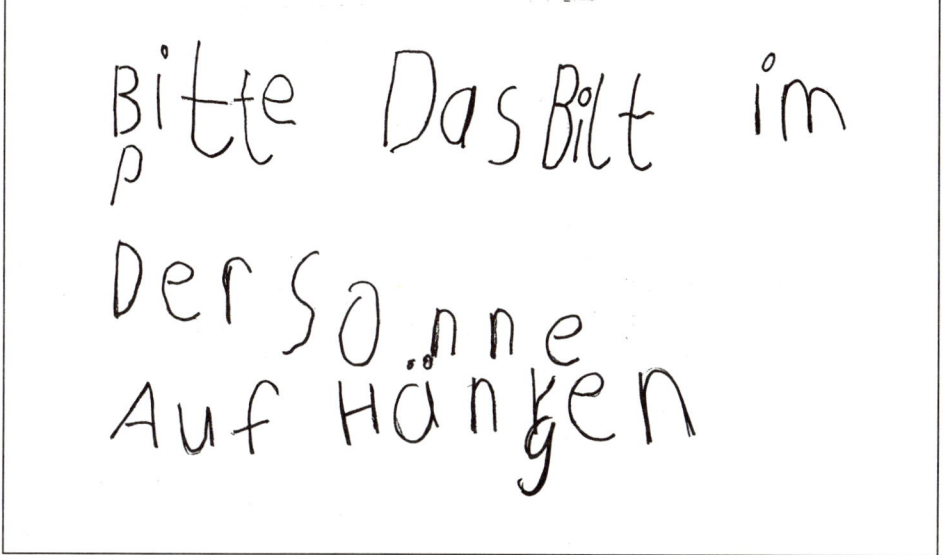

Jonas weiß sich zu helfen

Es ist morgens um acht, und Jonas reicht mir ein Bild, das er zu Hause gemalt hat. Auf dem Bild ist ein Männchen. Das steht unter einem Unterstand. Es sind blaue Striche, die senkrecht verlaufen. Es ist ein großer blauer Fleck zu sehen. Es sind Striche, die Wolken bedeuten, zu sehen und ein langes, etwas zackiges Gebilde. Das ganze Blatt ist voll geschrieben mit »Dona«. Ich sehe mir das Bild an – bin ratlos. Ich sage zu ihm: »Hast du das denn am Wochenende gemalt?« »Ja«, und er strahlt mich ganz verhalten an. Und ich sage: »Guck mal, dieses kleine Männchen da unten, das macht wohl einen Ausflug?« »Ja«, sagt er, »das macht 'n Ausflug. Das hat sich untergestellt.« Ich sag: »Wovor hat es sich denn untergestellt?« »Na guck doch! Vor dem Regen!« Und als er mir den Regen bewußt gemacht hat, wußte ich natürlich auch, was das andere bedeutete. Und er war sehr zufrieden, als ich ihm dann sagte, daß da oben dieses zackige Gebilde wohl der Blitz sein soll. »Ja«, sagte er, »das ist ein Blitz; da ist Gewitter.« Und da sag ich: »Und was heißt das hier?« – »Das heißt alles Donner, den kann man ja nicht malen, den kann man ja nur hören. Da hab ich gedacht, das schreib ich auf.«

Marco liest seinem kleinen Bruder den »Räuber Hotzenplotz« vor

Jeden Abend liest Marco seinem vierjährigen Bruder ein Stück aus dem Buch »Der Räuber Hotzenplotz« vor. Jeden Tag wird es ein kleines Stück mehr, denn seine Lesefertigkeit wird flüssiger. Seine Eltern sind manchmal dabei, manchmal aber auch nicht; denn er hat jetzt das Vorlesen übernommen. Seine Mutter ist immer etwas beunruhigt, weil er im Vergleich zu seiner großen Schwester langsam lesen lernt und auch lange Zeit ziemlich abgehackt gelesen hat. Inzwischen hat sich das wesentlich geändert, aber flüssig liest Marco immer noch nicht.

Die Eltern sitzen mit dabei, und Marco liest vor. Er liest akzentuiert, Wort für Wort; aber plötzlich kommt er in einen ganz flüssigen Lesestil. Die Eltern sehen sich an und fragen sich, wie das wohl passieren kann. Als Marco fertig ist, fragen sie ihn: »Sag' mal, wieso konntest du das letzte so schnell vorlesen?« Marco, der kein Kind von Worten ist, ein eher schweigsames Kind, sagt: »Na ja, das hab'ich mir doch gemerkt von meiner Kassette Räuber Hotzenplotz.«

Warum Janne keine Wahrsagerin
sein will

Wir hatten in der Lesestunde ein kleines Heftchen vom Kater Kunibert. Der ist Wahrsager und kann die Zukunft voraussagen: Wann heiratest du? Wähle eine Zahl zwischen 1 und 5. Die Antworten sind witzig, und die Kinder hatten einen Heidenspaß bei dieser Aufgabe. Während des Frage-Antwort-Spiels überlegte ich, ob sie mit dem Wort Hellseher oder Wahrsager schon etwas verbinden.

Einige hatten das Wort durchaus schon gehört. Sie zeigten mit ihren Händen, daß der Hellseher eine Kugel hat. Da schaut er drauf und sieht etwas. Ganz alleine nur. Und dann kann er den Leuten sagen, was so passiert. Andere sagten, sie hätten auf dem Dom schon mal in einer kleinen dunklen Bude eine Frau gesehen, eine Wahrsagerin. Die kann die Zukunft voraussagen. Und so war vielleicht ein Drittel der Klasse schon mit dem Wort vertraut.

Weil ich dachte, das sei für sie ziemlich faszinierend, fragte ich zum Abschluß des Gespräches, ob sie denn auch gern Hellseher oder Wahrsagerin wären. Da sagte Janne sehr sicher: Das wollte sie nicht sein. Ich fragte sie: »Warum eigentlich nicht? Das ist doch was Gutes, wenn man eine Wahrsagerin wäre!« »Nee«, sagt sie. »Dann kann man sich ja gar nicht mehr auf den nächsten Tag freuen, wenn man schon genau weiß, was passieren wird.«

Ann-Margret ist beharrlich

Ann-Margret hat mir – in der Zeit unserer Postaktion – einen Brief geschrieben mit der Frage, ob wir eine Klassenreise machen. Und ich hab ihr mündlich geantwortet, daß wir das in diesem Jahr nicht machen, sie wüßte es ja schon. Bald kommen sie in die zweite Klasse, und da findet bestimmt eine Klassenreise statt. Ich bekam dann noch einen Brief von ihr. Sie macht nun einen Vorschlag:

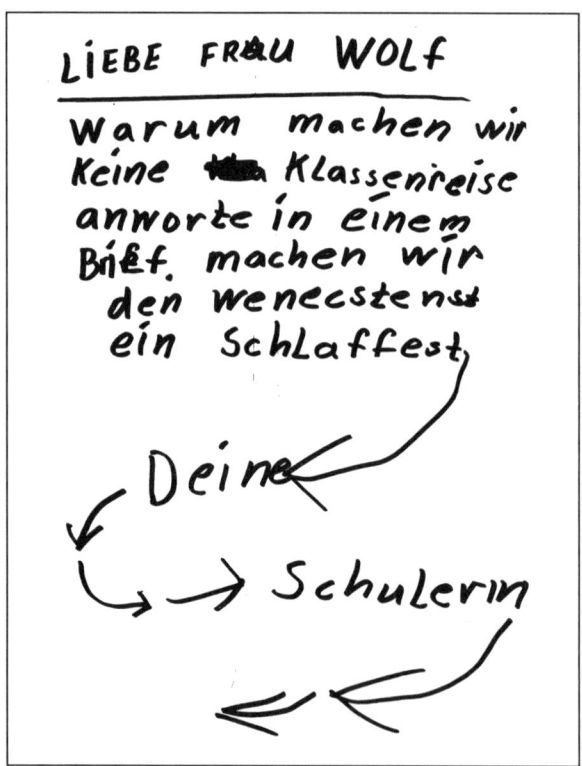

Nun wußte ich, daß die Kinder im Kindergarten zum Abschied schon einmal ein Schlaffest gemacht hatten. Ich sagte ihr, daß ich es mir überlegen will. (Ich schreibe den Kindern nämlich eigentlich nur zum Montag, weil ich das im Laufe der Woche nicht schaffen kann. Und darum sind in der Woche eben mündliche Antworten durchaus geläufig).

74

Am nächsten Tag fand ich in unserem Klassenbriefkasten diesen Brief von ihr:

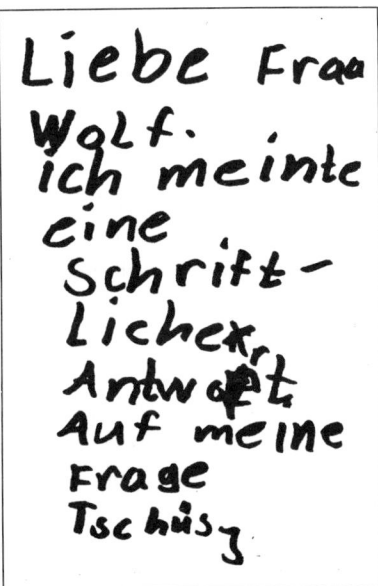

Liebe Fraa
Wolf.
Ich meinte
eine
Schrift-
Liches.
Antwort.
Auf meine
Frage
Tschüsz.

Übrigens haben wir wirklich etwas später ein Schlaffest in der Schule gemacht.

Jan-Pierre weiß, warum er »nicht« richtig geschrieben hat

In unserer Klasse gibt es einen Grundwortschatz, den wir von Zeit zu Zeit mal wieder überprüfen. Die Kinder sind sich bewußt, was sie bei jedem Wort bedenken müssen. Sie schreiben gern die Wörter auf. Es ist wahrscheinlich für sie wie so eine Art Quiz. Manchmal sagen sie bei dem Wort, worauf man achten muß.

Jan-Pierre hatte das Wort »nicht« geschrieben; er lehnte sich zurück und sagte sehr sicher: »Ich weiß ganz genau, warum ich das Wort ›nicht‹ richtig geschrieben hab.« Alle sahen ihn an, und ich fragte: »Woran erkennst du das denn?« Da sagte er: »Ja, guck doch mal, in dem Wort ›nicht‹ ist ›ich‹ versteckt. Und wenn ich ›ich‹ in dem Wort ›nicht‹ lesen kann, dann hab ich es richtig geschrieben.«

Andreas schreibt »schwimmen« an die Tafel

Es war heiß, und wir unterhielten uns darüber, was man am Nachmittag bei so einem warmen Wetter wohl machen kann. Andreas sagte, er geht schwimmen mit seinem Bruder. Und ich habe ihn gefragt, ob er uns das Wort »schwimmen« einmal an die Tafel schreiben kann. »Ja«, sagt er, »das kann ich. Das kann ich gut schreiben.« Und er schrieb mit sicherer Hand zügig das Wort »schwimmen« richtig. Ich war erstaunt und sagte: »Woher kennst du das so genau?« »Ja«, sagte er, »ich geh doch gerne in die Badeanstalt. Und da gibt es einmal Schwimmer und einmal Nichtschwimmer. Und da hab ich mir gedacht ›schwimmen‹ wird sicher genauso mit zwei m geschrieben.«

Lisa entschuldigt sich

Lisa vergißt öfter etwas und bekommt dann den Unmut der Beteiligten zu spüren. Im Moment ist sie betroffen, aber sie geht ziemlich rasch zum Tagesgeschehen über. Nun kann sie schreiben, und sie findet für sich eine Form, den unangenehmen Diskussionen aus dem Weg zu gehen.

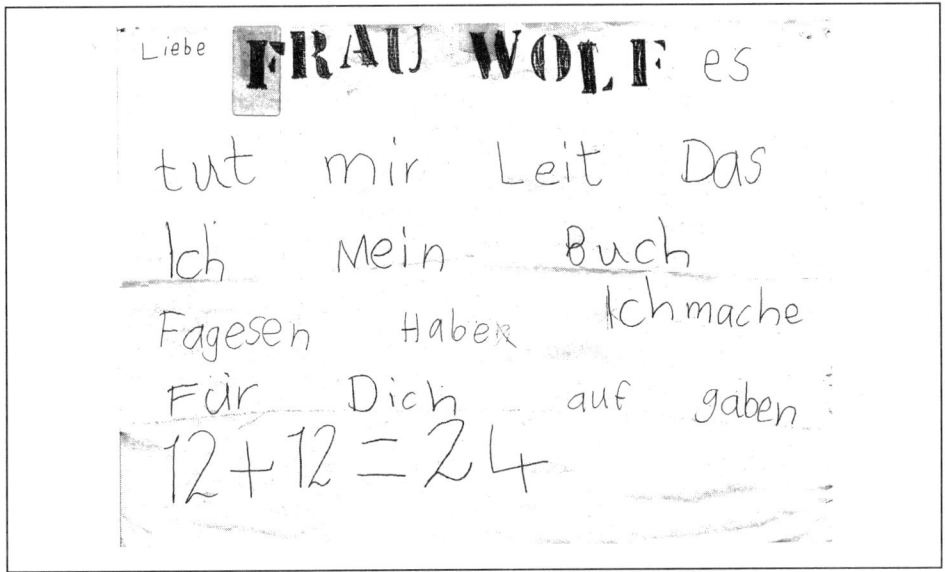

Gedanken über einen Autobus

Wir wollten für die Eltern zum Ende des Schuljahres eine kleine Aufführung machen, zu der wir die vielen Lieder, die wir gelernt hatten, singen. Und ich wollte mit einigen Requisiten das Ganze beleben.

Eine Mutter fragte mich morgens quer durch die Klasse, ob sie nachmittags bei sich zu Hause noch etwas für die Aufführung vorbereiten könnte. Ich rief ihr zu, wir brauchten noch einen Autobus für das eine Lied. Ich fragte dann noch, ob sie Material brauchte. Das hätte sie alles, sagte sie. Und damit war die Sache für mich erledigt. Nach einer ganzen Weile kommt Jan-Pierre zu mir und sagt: »Frau Wolf, was ist ein Autobus?« Ich war sehr erstaunt, denn vor unserer Schule ist eine Bushaltestelle. Aber sie heißt eben »Bushaltestelle«, und der Bus heißt »Bus«. Und »Autobus« war für ihn nicht geläufig.

Inzwischen hatten sich vier Kinder dazugestellt, und alle waren gespannt, was ich antwortete. Ich sagte: »Was meinst du denn, was ein Autobus ist?« »Ja«, sagte er, »ich denke das ist so: das ist ein Auto im Bus.« Die anderen lachten und fanden das sehr putzig. »Nein«, sagte ein anderes Kind, »das ist kein Auto im Bus. Wie soll das denn darein passen? Der hat nur so 'ne schmale Tür. Ich weiß, was ein Autobus ist. Das ist ein Auto, da ist der Bus hintendrangehängt.« Das fanden nun wieder die anderen komisch, daß ein kleines Auto hinten einen großen Bus ziehen sollte. »Nein, nein«, sagte der dritte. »Das ist noch anders. Das ist ein Bus, der zieht ein Auto.« Das hatten sie aber auch noch nicht gesehen. Und sie waren sich sehr unsicher. Dann sagte ein Kind: »Also, ich denke, das ist ein großes Auto. Da gibt's doch solche Schulbusse. Vielleicht sind das die Autobusse.«

Wir haben uns dann draußen die Bushaltestelle und den Bus angesehen. Und da stand auch das Wort »Autobusgesellschaft«.

Jonas schaltet schnell

Wir wollten ein Poster herstellen für einen Vater, der im Rahmen der Elternmitarbeit das ganze Jahr über mit uns gesungen hat. Die Kinder sollten sich im Kleinformat selbst malen, und wir wollten uns im Kreis anordnen, so daß jeder auf diesem Poster einen würdigen Platz bekommt.

Als zwei Drittel der kleinen Selbstporträts auf diesem roten Karton lagen, hockte sich Jonas davor und frage Marina, die ihr Bild gerade hinlegte: »Marina, welches findest du am schönsten?« Marina konnte sich nicht entschließen, was zu sagen, denn sie wußte ja von sich selbst, wenn man jemanden so fragt, dann möchte man eigentlich gern hören, daß man dessen Bild am schönsten findet. Aber das konnte sie ehrlicherweise nicht sagen, denn es war wirklich nicht das schönste. Jonas merkte diese kleine Verzögerung, holte Luft und sagte: »Du, ich meine, welches findest du am lustigsten?« Da konnte Marina ganz sicher und spontan auf seins zeigen.

Jan-Carlos

Wer ist Jan-Carlos?

Jan-Carlos ist noch ziemlich jung. Mit dem Lernen hat er große Schwierigkeiten. Er hat keinen Zahlbegriff; mit den Fingern ist er ganz ungelenk; er hat keine Malentwicklung in dem Sinne, wie es die anderen haben. Manchmal kommt es mir vor, als gäbe es Rückschritte bei ihm. Er hat eben schwankende Möglichkeiten, einmal gelingt ihm etwas, ein anderes mal schottet er sich ab, verweigert sich ganz. Und weil er in der Vorschulklasse lange Zeit gefehlt hat, kann er vieles nicht, was die anderen schon gelernt haben.

In den Pausen ist Jan-Carlos wild und auch – man kann fast sagen – gewalttätig. Er geht ziemlich grob mit Kindern um, wird öfter jähzornig. Dabei hat er dann sehr viel Kraft, so daß einige Kinder Angst vor ihm haben. In der Klasse hat er diese Form der Kontaktaufnahme nicht mehr so nötig. Was ihn aber häufig noch wieder ins Aus bringt, sind seine Jähzornsanfälle – schon bei geringfügigen Anlässen. Vielleicht hängt das mit seiner häuslichen Situation zusammen, denn er kommt manchmal schon morgens an – sehr mißmutig, sehr grau aussehend und sagt: »Heut habe ich ja die Schnauze voll. Heut hab ich 'n schlechten Tag.«

Nach Absprache mit der Mutter bleibt Jan-Carlos jetzt jeden Tag fünf Stunden in der Schule. Er gehört somit zu beiden Gruppen: zur Früh- und zur Spätgruppe. Ich habe beobachtet, daß sich die große Unruhe, die er in sich hat, bessert, wenn er einige Phasen am Tag ganz für sich zur Verfügung hat – Phasen, in denen er einfach durch die Klasse gehen kann. Er stört niemanden. Er geht leise herum, guckt hier, guckt da, stellt sich mal an einen Tisch, beobachtet und versucht, auf diese Weise auch auf sich aufmerksam zu machen – einfach sich ins Bild zu bringen. Und ich finde dadurch, daß er fünf Stunden am Tag da ist, immer wieder Zeiten, in denen ich mich ihm intensiv zuwenden kann.

Das Telefonbuch

Das war schon vor den Herbstferien. Ich hatte einen Kasten mit 26 Karteikarten bereitgestellt. Von jedem Kind hatte ich eine Karte gemacht mit Foto, Namen und mit der Telefonnummer. Die Kinder konnten sich aussuchen, von wem sie die Telefonnummer gern haben wollten für ihr eigenes Telefonbuch. Dafür lagen leere Seiten bereit, auf die sie Namen und Telefonnummer schreiben sollten und auch das Foto kleben konnten. (Die Fotos hatte ich kopiert.) Es gab Kinder, die sagten schon zu Beginn der Aktion: »Ich nehm von jedem Kind. Dann hab ich meine ganze Klasse.« Aber es gab auch einen Mindestsatz, den man erfüllen mußte: das waren fünf. »Nämlich«, hatte ich gesagt, »wer fünf hat, fünf Blätter mit Namen, Fotos und Telefonnummern, dem mach ich daraus ein Telefonbuch. Wer unter fünf hat, dem mach ich das nicht. Unter fünf kann man die einzelnen Blätter auch so mit nach Hause nehmen.« Das hatte ich gesagt, um einen Anreiz für die Kinder zu schaffen, die schon zufrieden sind, wenn sie zwei Karten geschrieben haben, die sich einfach nichts abverlangen.

Es war ein ständiges Kommen und Gehen, eine lebendige Situation: der Kasten mit den Karteikarten stand in der Mitte des Raumes; die Kinder teilten sich mit, wen sie ausgesucht hatten; und eigentlich zog sich das Ganze fast eine Woche hin, weil manche eben wirklich alle Kinder in ihrem Telefonbuch haben wollten. Das Telefonbuch wurde auch deshalb sehnsüchtig erwartet, weil die Geschwister das vor zwei Jahren auch gemacht hatten, und weil deren Telefonbuch schon seinen festen Platz zu Hause neben dem Telefon hatte und besonders gewürdigt wurde.

Jan-Carlos hatte auch an dem Telefonbuch gearbeitet, aber sehr lustlos; das war verständlich, denn er hatte niemanden, den er besonders gerne hatte in dieser Klasse – es war ja zu Beginn des Schuljahres –, und er konnte auch nicht annehmen, daß ihn jemand anrufen würde. Er hatte schon verstanden, daß die anderen sich miteinander verabredeten, ihn aber nicht fragten. Mir tat das leid, aber da mußte er durch. Drei Karten hatte er geschrieben, und ich habe sie ihm auch nicht zusammengeheftet. Er legte sie in seinen Kasten unter dem Tisch, weil er ja sowieso nichts damit anfangen konnte.

Die Aktion verselbständigte sich dann. Sie wurde in der Spielzeit zu Ende geführt. Und eines Tages, so gegen Ende der Woche – in der Zeit, in der Jan-Carlos durch die Klasse geht – stand er an dem einen Tisch, an dem so etwas freundliche, etwas heitere, aber auch zufriedene Mädchen sitzen. Da stellte er sich in letzter Zeit gern hin und sah ihnen einfach zu. Und plötzlich kommt er ganz verklärt zu mir und sagt: »Du, du, Ann-Margret, du, die hat meine Telefonnummer aufgeschrieben!« Richtig hab ich eigentlich da erst gemerkt, was ihm das vorher bedeutet haben muß. In den nächsten Tagen habe ich beobachtet, daß er sich zu Ann-Margret hin orientierte; manchmal nahm er seinen Stuhl mit an den Tisch und setzte sich an die Seitenkante – in der Spielzeit kann man an den Seitenkanten der Tische sitzen, wo man gerne sitzen möchte. Er nahm sich sein Spiel manchmal mit, und setzte sich in ihre Nähe. Und nach zwei Tagen kam er zu mir und sagte so etwas lässig: »Gibst mir mal noch so'n paar Telefonzettel.« Und dann hat er noch neue Telefonnummern geschrieben, und ich hab sie ihm auch zu einem Telefonbuch zusammengebündelt. Das liegt nicht mehr unter seinem Tisch. Ich muß also annehmen, daß er es mit nach Hause genommen hat. Wahrscheinlich hat er noch nie jemanden angerufen; aber es muß für ihn ein einschneidendes Erlebnis gewesen sein, daß jemand, der so weit wegsitzt, an einem ganz, ganz anderen Tisch, seine Telefonnummer genommen hat.

Jan-Carlos schreibt »ruft«

Am 24.10. habe ich Jan-Carlos gefragt, ob er das Wort »ruft« aufschreiben kann. »Klar«, sagt er, holt seinen Stift und fängt an zu schreiben. Er schreibt ein S, ein F, ein S, ein A und wieder ein F. Er hört auf, guckt sich an, was er geschrieben hat, und freut sich über die Buchstaben. Er ist ganz stolz. Ich frage: »Das ist ruft?« »Das ist ruft«, sagt er und hat überhaupt keinen Zweifel.

Ein guter Tag

Es war im November. Jan-Carlos, früh um acht, hatte gute Laune und beteiligte sich an der Aufgabe für alle. Jan-Carlos hat übrigens keine Schwierigkeiten, mit den anderen zu arbeiten. Er hat auch keine Schwierigkeiten, dann, wenn das gemeinsame Gespräch beendet ist, an seinen Platz zu gehen, und dort an der gleichen Aufgabe zu arbeiten wie die anderen Kinder, oft auch mit Ausdauer. Die ist zwar sehr unterschiedlich bei den verschiedenen Aufgaben, aber er hat zum Teil auch gute Ausdauer.

An dem Tage schrieben die Kinder Wörter aus dem Wörterbuch ab und stempelten dann das Bild darunter. Stempeln macht Jan-Carlos Spaß, weil das Geschriebene dadurch aufgelockert ist, und weil er zwischendurch mal zur Mitte laufen und sich den Stempel holen kann.

Damit hat er die erste Stunde zugebracht. Er hat etwas eher aufgehört und ist wieder ein bißchen rumgelaufen. In der zweiten Stunde nun haben wir gemeinsam an der Tafel zuerst gesehen, wie das K geschrieben wird. Wir haben Wörter dazu gesucht, eine große Sammlung gemacht. Wir haben unsere Stempel geprüft, welche mit dem Buchstaben K anfangen; und wir haben das K geschrieben; erst in die Luft und dann auf ein großes Probierblatt – das holen die Kinder sich immer –, und ich überlasse es ihnen, wann sie ihr Probierblatt wegwerfen und auf den vorbereiteten Zettel schreiben. Wer denkt, daß er das jetzt kann, der kann das Blatt wegwerfen, ohne daß er mich fragt. Das geht auch sehr schön. Während die Kinder das K auf den Zettel geschrieben haben, bin ich herumgegangen und hab ihnen Bilder dazugestempelt, die wir ausgesucht hatten: z.B. Kamel, Katze, Känguruh, Kind und Kasper. Es waren insgesamt sieben Stempelbilder. Ich hab die Wörter noch an die Tafel geschrieben, damit sie sehen konnten, daß sie wirklich mit K anfangen. Und wer wollte, der konnte die Wörter unter das Stempelbild noch schreiben, so daß diese Stunde wirklich auch ausgefüllt war.

Jan-Carlos hatte nicht die größte Lust, die K's zu schreiben, aber es gab keine Alternative in dieser Stunde für ihn. Er schrieb seine K's und wurde immer lustloser, weil er deutlich sah, daß sie nicht dem entsprachen, was er sich so vorgestellt hatte, und was eigentlich am Anfang seiner Zeile stand. Sie wurden immer größer und hatten manchmal schon gar keinen richtigen Zusammenhalt mehr. Nach 15 Minuten entschloß er sich, die Sache zu beenden. Er begann zu malen. Weil er selten malt, habe ich nichts gesagt, denn er hatte die Reihen mit den K's, die er schreiben sollte, fertig. Sie waren nicht schön, aber er war ja in der fünften Stunde in der nächsten Gruppe noch mal da, und da konnte ich mit ihm nochmal die K's in Angriff nehmen.

Er malte also. In der dritten Stunde dann – nach der Pause – versuchten wir zu dritt, Jonas war noch dabei, einen kurzen Text von der kranken Linda zu erkunden. Es klappte bestens. Er erkannte einige Wörter. Er erkannte einige Buchstaben. Er verglich die Buchstaben miteinander. Er sagte auch, welche Buchstaben er in seinem Namen hat, und Jonas sagte, welche er in seinem Namen hat. Und weil der Text einfach war, und weil er sich aus dem Bild schon fast wörtlich ergab, haben wir ihn zu dritt auch gut gelesen.

Danach ging Jan-Carlos sofort wieder an seinen Platz und malte weiter. Nach 10 Minuten ungefähr – ich las gerade mit zwei anderen Kindern, die sich den Text alleine erarbeitet hatten und ihn mir vorlasen – da kam er und zeigte mir sein Bild und sagte: »Ich will ein Gespensterbuch machen.« Ich wurde hellhörig und habe ihm gesagt: »Weißt du was, das find ich gut. Ich gebe dir gleich ein paar Blätter. Du hast nämlich heute auch Zeit dafür. Du warst ja schon fleißig: du hast jetzt gelesen und, wenn du fertig bist, sagst du mir Bescheid; dann mach ich dir ein schönes Buch daraus mit meinem Tacker, und du kannst es mit nach Hause nehmen.« Wir suchten gemeinsam gleich große Zettel aus der Papierkiste, und ich gab ihm noch eine Pappe und sagte: »Die legen wir hier schon mal hin. Wenn du fertig bist, dann haben wir gleich den Umschlag für das Buch.« Und er begab sich also wieder ans Malen.

In der vierten Stunde malte er weiter. Er hatte schon ein Bild bei mir hingelegt mit einem Gespenst; das konnte man gut erkennen. Es war auch ein Gespensterhaus darauf zu sehen, und ich sagte zu ihm: »Weißt du was, wir könnten ja eigentlich hier vorne draufschreiben: Das Gespensterbuch.« Das fand er sehr gut. Und mit dem Blatt, auf dem das Wort stand, zog er wieder an seinen Platz und malte weiter. Er kam immer mal zu mir und erklärte mir, was auf dem neuen Bild war – er hat insgesamt vier Bilder gemalt – und, weil er so in Fahrt und auch so sicher war, habe ich zu ihm gesgt: »Weißt du, du hast doch gesagt, das ist das Kind hier.« »Jaja«, sagt er. Ich sag: »Das kann man ziemlich schlecht erkennen.« Und dann hab ich mit ihm besprochen, warum man das Kind so schlecht erkennen kann: »Ist das denn auch ein Gespenst?« »Nein, das ist kein Gespenst.« Ich sag: »Dann mußt du es aber auch ein bißchen anders malen als die Gespenster. Dann müßte es zwei Beine haben, und dann müßte es auch einen Pulli anhaben oder irgendetwas, daß man nicht so durch den Bauch durchgucken kann.« Er nahm das ganz friedlich auf, flitzte wieder an seinen Platz und malte weiter.

Er hat an diesem Tag vier Blätter gemalt und das Buch abgeschlossen. Er hat mir auch dazu erzählt. Aber was mich sehr verwundert hat, waren so Zeichen, die er auf die eine Seite geschrieben hat. Ich fragte ihn dann, was das ist. Und er sagte: »Da hab ich was dazu geschrieben.« Und damit war das gut. Er hatte die Geschichte, die er sich ausgedacht hatte, also für sich festgehalten. Ich habe ihm das Buch getackert, und er hat es unter seinen Platz gelegt. Dann fragte ich ihn, ob er es mitnehmen möchte. »Nein,« sagte er, »mitnehmen will ich das nicht.« Wir legten es an einen besonderen Platz neben den Schreibtisch; und da liegt es heute noch. Es war für ihn eine Aktivität, die ihm Spaß gemacht hat; aber es war nichts, an dem sein Herz hing.

In der fünften Stunde nimmt er ja noch einmal an den Aktivitäten der Spätgruppe teil, die nicht immer den Aktivitäten der Frühgruppe gleichen, so daß es für ihn oft noch mal etwas Neues ist. Aber heute war es nun so, daß mit der Spätgruppe auch das K im Schreibablauf geübt werden sollte. Er machte also das Gespräch wieder mit. Er läßt nie erkennen, daß er gelangweilt wäre. Meistens ist er sehr interessiert. Vielleicht hilft es ihm, daß er vieles schon kennt. Seine Vorkenntnisse bringt er dann bei den Gesprächen mit ein. Er konnte jetzt bei den Stempeln ganz sicher sagen, was das für Figuren waren – beim Känguruh zum Beispiel – und, daß sie alle mit K anfangen.

Ich habe ihm ganz selbstverständlich einen Zettel gegeben, den er zwar früh schon bearbeitet hate, aber der ihm ja mißglückt war; und das war ihm durchaus bewußt. Er hat diesmal tatsächlich die K's so hingekriegt, daß sie gut erkennbar waren; gut für ihn und gut für mich. Das hat ihm doch ein sattes Gefühl gegeben.

Am Ende des Vormittags verabschiedeten sich die Kinder immer mit Handschlag – eine Gelegenheit für mich, noch ein kleines Wort persönliches an sie zu richten. Jan-Carlos kommt und sagt, als er mir die Hand gibt: »Ich werd jetzt friedlich.« Ich frag ihn, was das bedeutet? Und er sagt: »Es gibt keine Kloppe mehr in der Pause.« Da habe ich mir gedacht, daß muß eigentlich ein guter Tag für ihn gewesen sein.

Jan-Carlos sieht sich Bilderbücher an

Am 21.11. schaut sich Jan-Carlos zum ersten Mal intensiv Bilderbücher an. Eine halbe Stunde lang. Zwischendurch kommt er zu mir, zeigt mir das, was ihn besonders interessiert oder fragt mich nach Zusammenhängen.

Die Abmachung

Die Kinder hatten Puppen genäht, Puppen, die eigentlich für den Bazar sein sollten: Aber die Kinder wollten die Puppen, als sie fertig waren, lieber zu Weihnachten verschenken. Eine Mutter hatte dann noch Fische erfunden und Vögel, die man anmalen und nähen konnte; und die wollten wir auf dem Basar verkaufen. Wir hatten beschlossen, daß die Eltern die Sachen nähen und mit Watte ausstopfen und die Kinder sie anmalen.

Jan-Carlos hat das nun schon drei Wochen beobachtet, und wahrscheinlich hätte er gerne so eine Puppe oder so einen Fisch oder so einen Vogel gehabt. Aber er hat sich das Nähen und auch das Malen wohl nicht zugetraut, oder ihm war es zu viel Arbeit. Jedenfalls, als er diese fertig genähten, gestopften Fische sah, wollte er auch einen Fisch anmalen. Er kam zu mir und sagte: »Darf ich einen Fisch anmalen?« Und weil er noch nie bei diesen Aktivitäten mitgemacht hat, und weil er wirklich sehr schlunzig malt – wirklich – das hätte man sicher nicht mehr verkaufen können – hab ich gesagt: »Nein, du hast doch gerade was anderes angefangen.« Er hatte sich nämlich gerade für ein Spiel entschieden. Er stand ziemlich lange neben den Fischen und sah sie begehrlich an. Dann stellte er sich an den Tisch, wo die Kinder noch Fische anmalten. Und schließlich habe ich zu ihm gesagt: »Weißt du was, wenn du dir ganz große Mühe gibst, ganz große, wenn du gut aufpaßt, dann kannst du einen Fisch anmalen.« Er strahlte, nahm den Fisch und malte ihn an. Er hat ihn kärglich angemalt, aber mit viel Mühe. Er kam mit dem Fisch zu mir und sagte: »Kann ich den behalten?« Da habe ich lange überlegt; aber ich habe nein gesagt. Keiner in der Klasse konnte die Sachen, die er angemalt hatte, behalten. Das wußte Jan-Carlos. Und dann habe ich zu ihm gesagt: »Weißt du was, wenn du dir einen Fisch machen willst, dann

hast du in der nächsten Woche Zeit dafür. Dann zeichne ich dir einen Fisch auf, und du kannst ihn anmalen und ihn dir nähen. Er ist bis jetzt noch nicht wiedergekommen. Er hat aber auch keinen Jähzornsanfall gekriegt. Ich werde ihn in der nächsten Woche einmal fragen, ob wir zusammen einen Fisch nähen wollen.

»Ich will überhaupt nicht lesen lernen«

Heute habe ich mit Jan-Carlos und drei anderen Kindern in einer Fibel gelesen. Es waren einfache Texte mit starkem Bildbezug, mit kurzen Wörtern und vielen Wiederholungen, groß geschrieben, so daß wir sogar mehrere Seiten lesen konnten. Drei Kinder waren sehr angetan und freuten sich, wenn wir wieder umblätterten und eine neue Geschichte erlesen konnten. Jan-Carlos saß etwas unbeteiligt dabei und sagte eigentlich nur nach, was die anderen gelesen hatten. Ich sagte zu ihm: »Weißt du, Jan-Carlos, guck doch auch mal mit hierher. Du kennst 'ne Menge, was es hier gibt.« Daraufhin entdeckte er einiges, aber sein Interesse ließ schnell nach, und er sah wieder irgendwo anders hin und wirkte unbeteiligt. Ganz plötzlich sagte er: »Ich will überhaupt nicht lesen lernen.« Ich fragte ihn: »Warum willst du eigentlich überhaupt nicht lesen lernen?« »Ich will nicht lesen lernen«, sagte er. Ich sag: »Weißt du, deine Mama kann lesen, dein Papa kann lesen, dein Opa kann lesen, deine Oma kann lesen ...« Alle, die mit ihm leben, habe ich aufgezählt. »Und außerdem steht Schönes in den Büchern drin.« Das fand er zwar auch, aber trotzdem blieb er bei seiner Behauptung, daß er nicht lesen will.

Jan-Carlos will immer noch nicht lesen lernen

Der Nikolaus ist gekommen und holt aus seinem Sack für jedes Kind ein kleines Geschenk. Die Kinder sitzen um ihn herum, sind etwas zwiespältig, weil sie ja wissen, daß es keinen Nikolaus gibt. Ann-Margret, bei der wir zu Gast sind, sagt vorsichtig zu ihrer Mutter: »Komisch, der Nikolaus spricht wie Hermann.« Aber die Mutter, die hat das nicht gehört; und alle anderen Kinder verhalten sich einerseits offen und ohne Angst, aber andererseits auch nachdenklich und nicht so sicher wissend, ob das, was sie bis jetzt gedacht haben, nun tatsächlich so ist.

Der Nikolaus greift also in den Sack, und an jedem Geschenk ist ein kleines Kärtchen mit einem Bild vom Nikolaus drauf und mit dem Namen des Kindes. Er ruft das Kind auf, und das Kind holt sich bei ihm das Geschenk ab. Die Geschenke haben alle das gleiche Format. Sie sind fast quadratisch und ungefähr einen Zentimeter dick. Es handelt sich mänlich um Bilderbücher, Bilderbücher von der Maus aus der »Sendung mit der Maus«. Es gibt zwei verschiedene Bilderbücher. Das eine heißt »Die Maus sucht einen Freund«, und das zweite heißt »Die Maus baut ein Haus«.

Manche Kinder haben das Buch schon ausgepackt, manche haben es noch verschlossen, weil es hübsch eingepackt ist, und sie die Überraschung mit nach Hause nehmen wollen. Jan-Carlos war noch nicht an der Reihe, aber sieht, was der Nikolaus für jedes Kind aus seinem Sack holt, und hält sich etwas zurück. Als der Nikolaus seinen Namen aufruft, sagt er murmelnd, aber etwas lauter als wie zu sich selbst: »Ich will ja gar nicht lesen lernen.« Aber er geht dann doch hin. Sein Verharren am Platz und seine Widerspenstigkeit gegen das Lesenlernen waren der Neugier und dem Besitzenwollen dessen, was reizvoll für ihn war, doch unterlegen. Später hat er sich etwas abseits gesetzt, das Buch ausgepackt und es sich angesehen.

Sein Wunsch, ein Wort zu besitzen*

Drei Tage später sind Studenten in der Klasse. Es ist Lesezeit. Es ist nur noch die Spätgruppe da. Die Kinder hatten sich selbst etwas ausgesucht aus Büchern, die auslagen, oder aus Lesefibeln, so daß also ein gewisser Wunsch nach den Texten auch abgedeckt war durch das Angebot.

Jan-Carlos kam zu mir. Ich sagte zu ihm, ich würde ihm gern eine Geschichte aufschreiben. Er wirkte etwas lustlos, aber es war ja nun mal Lesezeit für alle, und somit nahm er seinen Stuhl. Er setzte sich hin, und ich holte einen Stift und ein paar Blätter Papier. Ich schrieb ihm dann in ganz kurzen Sätzen mit bekannten Wörtern einen kleinen Text. Der handelte von Mama. Der handelte von Jan-Carlos, vom Auto, vom Haus und von all dem Wortschatz, den wir im Laufe der Zeit innerhalb der Klasse erarbeitet hatten. Jan-Carlos las einerseits etwas gequält, aber andererseits auch etwas angespannt, denn es reizte ihn auch wirklich, das Wort herauszufinden. Er merkte sicher auch an meiner Reaktion, daß ich es ganz schön fand, wenn er die Sätze so rauskriegte – die kurzen Sätze –, daß sie dem Inhalt gemäß übereinstimmten. Irgendwann hatte ich das Gefühl, es sei etwas uninteressant, was wir da aufschrieben, und es müßte etwas mehr Pep in die Geschichte.

Ich wußte, daß Jan-Carlos einen Hund hatte und fragte ihn nach dessen Namen. Nun sind die Namen in dieser Familie etwas eigenartig, und so war das nun auch mit dem Hund. Der Hund ist also Pascal. Naja! Ich sagte ihm also: »Du meinst als wirklich den Hund, und nicht deinen Bruder, der Pascal heißt?« »Nee nee«, sagte er, »der Hund heißt Pascal.« Da hab ich dann geschrieben: »Wo ist Pascal?« »Wo ist« kann er gut entziffern. »Wo« hat er inzwischen gespeichert, »ist« bekommt er raus und »Pascal«, damit hat er sich etwas abgemüht, weil er wohl nicht angenommen hat, daß ich den Namen benutze. Er sagte also: »P« und »a, Pa ..«, das kann er. Er kann auch den dritten Buchstaben noch dranhängen: »Pa ... sss«, und dann lächelt er – und er kann sehr innig lächeln. Er sagt: »Steht da Pascal?« »Tja«, sag ich, »da steht Pascal.« Da sprang er auf. Ich sag': »Wo willst du denn hin?« »Ich will mir 'ne Schere holen.« Ich sag: »Wozu brauchst du denn 'ne Schere?« »Ich will mir das Wort ausschneiden. Ich will es mit nach Hause nehmen.« Ich sage: »Weißt du was? Ich schenk dir die Ge-

* Vorabdruck in: Die Grundschulzeitschrift Heft 57/1992, S.4ff.

schichte. Wenn du noch ein bißchen hier mit mir liest, bis die anderen so weit sind, dann schenk ich dir die ganze Geschichte. Und dann kannst du die ganze Geschichte mit nach Hause nehmen und deinem Hund vorlesen.« Daraufhin strahlte er, und wir schrieben noch zwei Sätze von Pascal dazu, so daß er dann sieben Zeilen hatte – sieben Zeilen! Das war sehr viel für ihn.

Weil aber die ganze Aktion so erfolgreich verlaufen war bei ihm, der eigentlich überhaupt nicht lesen lernen will, hab ich gedacht: Du setzt noch 'n kleinen I-Punkt drauf. Die Situation ist günstig, du wagst es. Und ich hab zu ihm gesagt: »Guck mal, alle lesen sie hier im Zimmer, alle! Und ich möchte gerne, daß du allen nachher diese Geschichte vorliest.« Daraufhin setzte er sich ganz straff hin, und wir begannen die Geschichte von neuem zu lesen. Er las sie zweimal, und er las sie das dritte Mal. Beim dritten Mal brauchte ich ihm nur noch ganz wenig Hilfe zu geben. Da sagte ich zu ihm: »Weißt du was, wenn du sie jetzt noch zweimal gelesen hast, dann sag ich allen Kindern, daß die Lesezeit zu Ende ist. Dann setzen wir uns wieder in den Kreis, und dann liest du deine Geschichte vor. Ich möchte, daß du die Geschichte vorliest.«

Ich ging dann zum Schreibtisch und hatte ihn im Auge und sah auch tatsächlich, daß er die Geschichte wieder las. Als ich das Gefühl hatte, er hatte sie einmal alleine gelesen, bin ich nochmal hin und hab gesagt: »Na, wie geht's?« Er sagte: »Das geht gut.« »Und«, sag ich, »willst du sie mir denn nochmal vorlesen?« »Ja«, er wollte sie mir dann noch ein letztes Mal vorlesen. Da stellte ich fest, daß es wirklich ganz wunderbar ging. Da fragte ich ihn nochmal: »Möchtest du sie denn jetzt auch selbst mal vorlesen?« Ja, das wollte er machen. Dann habe ich die Lesestunde beendet, und die Studenten setzten sich mit den Kindern in den Kreis. Er saß auch im Kreis, und die Kinder berichteten, was sie gelesen hatten. Dann las Jan-Carlos zum Schluß seine Geschichte vor. Und somit hatte er eigentlich das erste Mal in diesem Schuljahr ein ganz erhebliches Erfolgserlebnis in bezug auf Lesen. Und das ist letztlich darauf zurückzuführen, daß es eben wirklich etwas mit ihm zu tun hatte, nämlich mit seinem Hund. Er nahm die Geschichte mit nach Hause. Und wahrscheinlich hat er sie auch zu Hause vorgelesen. Das war am 10.12.; drei Tage vorher hatte er noch beim Nikolaus wieder gesagt, er wollte überhaupt nicht lesen lernen.

»... denn ich kann schon sehr schnell lesen«

Seit dieser Zeit arbeiteten Jan-Carlos und ich an einem Buch über seinen Hund. Manchmal diktiert mir Jan-Carlos Geschichten, die ich in das Buch schreibe. Manchmal nehme ich das Buch mit nach Hause und schreib ihm einen Brief mit Fragen hinein. Manchmal sind es auch kleine Texte, bei denen er etwas ergänzen muß. Ich habe Fotos von Hunden in das Buch geklebt. Jan-Carlos hat etwas hineingemalt; jedenfalls ist das Buch inzwischen fast voll. Er liest auch in dem Buch zu Hause, denn das sind seine Hausaufgaben, und andere Hausaufgaben macht er eigentlich – kann man sagen – gar nicht; vielleicht ein- zweimal im halben Jahr. Aber diese Hausaufgaben scheint er gerne zu machen, denn wenn ich mit ihm die Geschichten lese, kann er sie schon ganz schön flüssig vorlesen.

Als seine Mutter zu einem Gespräch bei mir war, bestätigte sie diese Vermutung und sagte mir, daß er das Buch von seinem Hund auch anderen vorliest. Einmal hat Jan-Carlos abends, als sein Vater von der Arbeit nach Hause kam, gesagt: »Nun setzt euch mal aufs Sofa! Und dann hört mal sehr gut zu! Es ist nämlich möglich, daß ihr nicht alles mitbekommt, was ich lese; denn ich kann schon sehr schnell lesen.«

»Pascal, Flöhe hat er ...«

Jan-Carlos stellt täglich fest, daß er mehr lesen kann. Stolz verkündet er, daß er sogar über Kopf lesen kann: nämlich die Texte von Jonas gegenüber. Er hat in täglicher Einzelbetreuung unter anderem auch buchstabieren gelernt und schreibt gern Wörter auf, die man ihm sagt. Seine Schrift ist noch ungenau; die Buchstaben schreibt er unsicher, aber er gibt sich so viel Mühe, daß man nicht weiß, ob es überhaupt in seiner Macht liegt, diesen Zustand abzuändern.

Nach den Frühjahrsferien Ende März fangen wir mit der Vorbereitung für das »Klassenbuch« an, das wir für jedes Kind zum Abschied herstellen wollen. Die Kinder schreiben Geschichten und suchen die schönste dafür aus. (Alle Selbstportraits hier sind für dieses »Klassenbuch« entstanden.)

Pascal, FLÖHe❋
hat er. Das sinb
kleine Tiere. Er
kaspert immer ❋
mit mir und ❋
springt mich an.

Jan-Carlos ❋ ❋

Jan-Carlos traut sich nicht, eine Geschichte zu schreiben. Er setzt sich aber gern mit einem Erwachsenen hin und diktiert ihm, was dieser für ihn aufschreiben soll. Für das »Klassenbuch« hat er eine Geschichte von seinem Hund diktiert.

Er sollte seine Geschichte auf der Schreibmaschine schreiben. Das gelang ihm nur sehr mühsam, weil sein Finger, in dem eine große Unruhe steckt, oft die Tasten verfehlte. Er war nicht zufrieden. Er war zwar stolz, daß er eine Geschichte hatte; aber richtig zufrieden war er mit dem Blatt nicht. Dann hab ich ihm gezeigt, wie man die Bleilettern in die dafür vorgesehenen kleinen Schienen setzt. Das hat er ganz schnell begriffen und sofort selbständig gearbeitet. Dabei hatte er viel Lust und Ausdauer, und die Geschichte von Pascal und den Flöhen sieht jetzt, wenn sie gedruckt ist, wunderbar aus.

Die Notbremse

Auf die Fahrt zu Hagenbeck waren auch acht Mütter mitgekommen, mit ihren Kleinkindern. Dadurch konnten wir Gruppen bilden. Jeder Erwachsene hatte drei Kinder, so daß das Ganze ein mehr familienähnlicher Ausflug war, und jeder mit seinen Fragen bei einem Erwachsenen ein offenes Ohr fand.

Als wir in der U-Bahn saßen, stellte ich plötzlich fest, daß die Mütter, bei denen Jan-Carlos in der Mitte stand, ihn immer fragten, wie die Worte heißen, die er als Reklame an der Wand entdecken konnte. Er las sie ihnen vor. Dann fragten sie ihn nach dem Wort »Notbremse«. Jan-Carlos las – und er liest ziemlich akzentuiert – das Wort, und ich glaube mit diesem Wort »Notbremse« hatte er sozusagen die Prüfung, die sie ihm stellten, bestanden; denn von da an fragten sie ihn nicht mehr.

Ich denke mir, daß die Mütter ja beobachtet hatten, wie schwierig sich bei ihm Lernprozesse vollzogen, und wie kompliziert es für ihn war, in den Leselehrgang einzusteigen. Und jetzt haben sie festgestellt, daß er es geschafft hat.

Die Schilder bei Hagenbeck

Der Tierpfleger bei den Pinguinen hat uns gesagt, daß die besten und die liebsten Besucher die sind, die die Tiere nicht füttern. Wenn wir aber Futter mithätten, dann sollten wir auf die Schilder achten, die an den einzelnen Tiergehegen aufgestellt sind.

Jan-Carlos übernahm die Aufgabe, die Schilder zu lesen. Es war somit ganz legitim für ihn, vorzulaufen und zu prüfen, was an dem Gehege stand: ob man das Tier füttern darf oder nicht. Stand das Schild da, dann schrie er uns die Nachricht schon entgegen. Hatte er kein Schild gefunden, dann überlegten wir, ob wir das Tier füttern wollten, was es wohl fressen könnte, und ob wir es lieber doch sein lassen sollten, um möglichst tierfreundliche Zoobesucher zu sein.

Jan-Carlos fragt nach

Daß Jan-Carlos jeden Tag fünf Stunden in der Schule ist, das ist von uns nie infrage gestellt worden, weder von ihm, noch von mir. Er ist auch immer gerne gekommen. Einen Tag in der Woche ist er noch zu einer Kollegin gegangen, die er kennt, und hat dort noch eine Förderung für den feinmotorischen Bereich erfahren. Auch dahin ist er gern gegangen.

Eines Tages hatte er für sich beschlossen, daß er da nicht mehr hinwill. Er ist einfach nicht hingegangen. Ich habe mit ihm geredet und ihm gesagt, daß das so nicht ginge, daß man das besprechen muß und dann gemeinsam überlegt, wie man es ändern kann. Seitdem fragt er häufig, ob er Frühgruppe oder Spätgruppe ist. Bisher war das für ihn überhaupt keine Frage gewesen. Mehrere Tage lang sagte ich zu ihm: »Du bist beide Gruppen: Früh- und Spätgruppe.« Er war damit immer wieder zufrieden, bis er eines Tages sagte: »Weißt du, ich kann doch jetzt lesen! Dann kann ich doch eigentlich nur Frühgruppe oder Spätgruppe sein!« Und ich muß sagen, das war natürlich sehr logisch gedacht.

Jetzt, nach den Osterferien, ist er in der Frühgruppe und freut sich, daß er die Spätgruppenzeit über nicht mehr da ist. Ich versuche jeden Tag noch eine kleine Zeit extra für ihn zu finden. Aber im Laufe der Zeit hat es sich auch so entwickelt, daß er zunehmend alles mitarbeiten kann: seine Arbeitshaltung ist allerdings sehr unterschiedlich. Bei manchen Aufgaben kann er sich lange und intensiv konzentrieren. Bei manchen Aufgaben aber geht er zum Arbeiten von sich aus an den Tisch am Fenster, auf dem der Blumentopf steht. Da hat er kein Gegenüber, das ihn ablenkt, und findet mehr Ruhe, sich zu konzentrieren.

Der Brief an den Freund

Anita hat Briefumschläge mitgebracht und will Marina einen Brief schreiben. Ich gehe zum Schrank und suche alle Utensilien, die ich für das Projekt Post finde und richte eine Ecke ein, die unsere Post ist. Bei der Post bekommt man auch Briefpapier, man bekommt Briefumschläge, man bekommt kleine Briefmarken. Es findet sich da ein Stempel, auf dem Kinderpost steht, und vor allen Dingen: das Wichtigste ist ein gelblackierter Briefkasten mit den Abholzeiten. Die Kinder sind hellauf begeistert und beginnen sofort alle zu schreiben. Jan-Carlos ist auch davon angetan, hat aber keinen Mut zu schreiben, sondern er nimmt sich das Briefpapier, malt ein kleines Bild und steckt es in den Briefkasten ohne Anschrift, ohne alles. Als wir mittags einen Briefträger aussuchen, der die Post zustellt, stellen wir fest, daß die Adresse auf dem Brief stehen muß, damit der Briefträger weiß, wohin er den Brief bringen soll. Wir sehen, daß manche auf den Brief schreiben *von* Knut; dann weiß der Briefträger auch nicht, an wen der Brief gehen soll. Diese Erfahrungen können am nächsten Tag genutzt werden.

Die Kinder haben zu Hause viele Briefe geschrieben. Ich habe Briefpapier gestempelt mit einer Sonne, mit Kränzen, Tieren, Sauriern, Fußballern. Jeder kann sich das aussuchen, was er gerne möchte – für zu Hause auch. Wie gesagt, jeder hatte den einen oder anderen Brief schon bekommen, und ich stellte den ganzen Vormittag für das Briefschreiben zur Verfügung. Die Kinder waren sehr bei der Sache.

Jan-Carlos stand zuerst noch etwas außen vor. Dann sah er, daß sein Freund Knut auch schrieb, unentwegt schrieb und zum Postkasten lief. Und plötzlich setzte sich auch Jan-Carlos hin. Als mittags die Post verteilt wurde, war für mich auch ein Brief von Jan-Carlos dabei. Er hatte eine Marke draufgeklebt und den Brief abgestempelt. Er hatte aber noch keine Anschrift darauf geschrieben, so daß der Brief erst mal zur Seite gelegt wurde und zum Schluß noch übrig war. Ich sagte: »Normalerweise gehen die Briefe wieder zum Postamt zurück, weil der Briefträger den Brief nicht aufmachen darf und reingucken, wem er gehört. Denn es gibt ein Postgeheimnis. Und wenn da eben nicht draufsteht, wem er den geben soll, gibt er ihn an die Hauptpost zurück.« Da sagte Jan-Carlos: »Der ist für dich.« Ich machte ihn auf. Er hatte in dem Brief geschrieben: »Liebe Frau, wir fahrn in Schwarzwald, Papa, Mama, Jan-Carlos.« Es war ihm ein bißchen peinlich, als ich den Brief las, aber ich merkte, daß er auch stolz war, etwas getan zu haben, was all die anderen Kinder auch gemacht hatten.

Die Briefaktion läuft seit über einer Woche, und Jan-Carlos schreibt seinen Freunden, vor allen Dingen Knut, Briefe. Die sind kurz, aber er schreibt ihm etwas, das er ihm nie sagen würde, z.B. dies:

*Knut, du bist
mein Freund.
Du bist
nett. Wollen wir
spielen?*

Jan-Carlos bildet sich ein Urteil

Jan-Carlos wird sieben und ist längst nicht mehr so schwierig in der Kindergruppe wie zu Beginn des Schuljahres. Das merkt auch seine Mutter. Und sie sagt zu ihm: »Weißt du, du könntest eigentlich jetzt mal nachmittags irgendwohin gehen. Ich kann dich ja mal anmelden.« Jan-Carlos sagt sofort, er möchte gern zum Fußball. Das findet seine Mutter überhaupt nicht gut, denn dann ist er von ihr abhängig. Sie muß ihn hinfahren zum Fußballplatz und wieder abholen, und außerdem gibt es noch sonntags die Auswärtsspiele für die kleine Knabenmannschaft. Das will sie nicht. Sie erinnert sich an ihre Kindheit und schlägt ihm den Kinderkirchenchor vor. Er kann nämlich ganz gut singen, hat sie festgestellt; das meint sie, sei der richtige Platz für ihn. Jan-Carlos hat keine Vorstellung und sagt, das müsse er sich überlegen.

Wir singen oft in der Schule, und alle Kinder singen gern; denn den Musikunterricht macht ein Vater in der Elternmitarbeit. Der ist Musiklehrer an der Gesamtschule. Es sind lustige Lieder. Es sind, wie die Kinder sagen, »fetzige« Lieder. Es sind aber auch leise Lieder. Das kennt Jan-Carlos als Chor, weiter nichts.

Eines Tages wird eine Cousine konfirmiert, und Jan-Carlos geht mit seiner Großmutter in die Kirche. Da singt auch der Kinderchor. Als er mittags nach Hause kommt – die ganze Geschichte hat mir seine Mutter erzählt –, macht er die Tür auf, bleibt im Türrahmen stehen und sagt: »Du, das will ich dir sagen, da geh ich nicht hin. Die singen vielleicht doofe Lieder. Wenn ich in' Chor gehe, da will ich wenigstens fetzige Lieder hören und singen.« Und somit war die Sache für ihn abgeschlossen; denn er konnte sich ein eigenes Urteil bilden, weil er einen guten Vergleich hatte.

Jan-Carlos lernt schreiben

Nachdem Jan-Carlos nun das Lesen gelernt hatte und Spaß am Lesen fand, hatte ich mir das Ziel gesetzt, daß er auch die richtige Schreibweise der Wörter lernt: wie die anderen Kinder anhand eines Grundwortschatzes. 50 Wörter hatte ich ausgesucht. Das war ein großes Problem für ihn, da seine Wahrnehmungsmöglichkeiten erheblich erschwert sind. Ich wollte versuchen, mit ihm die Wörter so zu üben, daß sie ein sicherer Bestandteil seines Denkens sind. Ich weiß natürlich, daß es keinen Zweck hat, daß man viele Wörter mit ihm auf einmal übt, denn dann kann er sich nicht genügend auf ein Problem konzentrieren; ich wollte Schritt für Schritt vorgehen, vielleicht ein bis zwei Wörter am Tag auswählen, bei denen ich ihm die Probleme versuche begreiflich zu machen, die in dem Wort stecken und die er sich merken muß.

Zehn Wochen haben wir uns Zeit gelassen. Es waren schwierige Wochen, weil Jan-Carlos nicht den Ernst der Lage erkannte; er hat sich aufs Buchstabieren verlassen, und somit waren die Wörter eben immer wieder nicht richtig. Ich habe ihm die Wörter auf kleine Kärtchen geschrieben – immer zwei – habe sie ihm für seine Hosentasche gegeben und gesagt: »Weißt du, du hast ja so oft die Hände in der Hosentasche. Wenn du dann am Nachmittag mal das Kärtchen fühlst, holst du dir's raus und guckst es dir an und denkst daran, was schwierig an dem Wort ist.« Diese Möglichkeit ging eigentlich ganz gut. Eins von diesen Wörtern hatte er öfter am nächsten Tag doch etwas sicherer im Griff. Aber zu großem Erfolg sind wir damit auch nicht gekommen.

Bis ich dann eines Tages zu ihm sagte: »Mein lieber Freund, ich muß dir jetzt mal was sagen. Beim Lesen hatten wir eine Absprache: Du bleibst so lange den ganzen Vormittag da – also in der Frühgruppe und in der Spätgruppe, bis du lesen kannst. Und nach Ostern hast du gesagt, jetzt kann ich lesen. Nun brauch ich auch nicht mehr in zwei Gruppen zu sein. Daraufhin hab ich deinen Stundenplan abgeändert, und nun kommst du nur zur Frühgruppe. Und jetzt muß ich dir was sagen. Ab sofort gilt: Wenn du dich beim Schreiben nicht anstrengst ... – du mußt auch noch das richtige Schreiben lernen, denn Lesen allein genügt nicht, wenn man in die zweite Klasse will –, dann behalt ich dich wieder fünf Stunden da, damit du mehr Zeit hast.«

Das fand er nicht gut, denn er hatte sich daran gewöhnt, mit seinem Freund den Schulweg gemeinsam zu gehen. An diesem Tag, an dem das Gespräch stattfand, sagte er das erste Mal zu mir: »Du, gib mir doch schon mal ein paar Wörter auf, die ich zu Hause üben kann.« Das fand ich sehr beachtlich. Ich habe ihm drei Wörter in sein Heft geschrieben und auf die Karten.

Am nächsten Tag hatte er ein Wort davon behalten, die anderen waren wieder nicht sicher. Trotzdem muß das Gespräch bei ihm etwas bewirkt haben, denn von da an begann er sich wirklich konzentriert zu erinnern, was man bei den Wörtern bedenken muß, um sie richtig zu schreiben.

Wir haben dann täglich mehr Wörter dazugenommen, vor allen Dingen haben wir die genommen, von denen er wirklich die Schreibweise schon wußte und ganz sicher sein konnte. Und dazwischen haben wir dann immer mal Wörter geschrieben, die noch nicht gesichert waren, so daß er immer wieder auch darauf zurückgeworfen wurde, daß er nicht ganz stolz sein konnte, denn es waren noch viele übrig. Trotzdem hatte er jedesmal ein sattes Gefühl über all die vielen Punkte, die ich hinter die richtigen Worte geschrieben hatte, weil es täglich etwas mehr wurden.

Ich hatte der Mutter gesagt, daß sie all die Wörter, die er von den 50 Wörtern schon konnte – nicht die, die ich mit ihm noch erarbeiten wollte, sondern nur die, die er schon gespeichert hatte –, daß sie die auch zu Hause nachmittags als Schularbeit abfragen sollte, damit er wirklich erlebt, daß diese Wörter eine genormte Schreibweise haben, und man sie nicht mal so – mal so schreiben kann. Das hat die Mutter getan. Ich gab ihr den Grundwortschatzzettel mit, auf dem ich immer die Wörter unterstrich, die er in der Schule am Vormittag richtig geschrieben hat. Ich habe ihm beim Spielen auch manchmal gesagt: »Geh mal an die Tafel und schreib mal ›läuft‹, oder schreib mal ›gehen‹«, so daß er erlebte, daß sie jedesmal parat sein müssen. Er hatte immer Lust, mit mir zu arbeiten. Und er hat auch nie gestöhnt, wenn wir es öfter am Tag gemacht haben, sondern er merkte selbst, daß die Wörter nun konstant in seinem Denken verankert waren.

Eines Tages brachte mir Jan-Carlos einen Zettel, auf den er alle Wörter geschrieben hatte, die auch auf seinem Grundwortzettel standen. Dazu hatte seine Mutter geschrieben: »Liebe Frau Wolf, diese Wörter hat Jan-Carlos nach Diktat, ohne Vorsagen, geschrieben.« »Ja«, sagt er ganz stolz, »ich kann sie jetzt.« Er war sehr sicher. »Ja«, sagte ich, »das find ich gut. Dann wollen wir sie gleich auch mal schreiben.« Sie waren aber nicht sicher, nur die unterstrichenen Wörter waren sicher geblieben. All die anderen Wörter schrieb er jetzt in der Schule doch wieder falsch. Er schrieb »ei« wieder mit »aei«, er schrieb statt »ß« »z«, und er wurde sehr kleinlaut, als er das sah. Ich sagte: »Weißt du, du kannst so viele Wörter schon richtig schreiben. Das ist überhaupt nicht schlimm. Guck mal die letzten, die üben wir auch noch. Und wenn du in die zweite Klasse gehst, ich kann es dir sagen, dann kannst du sie alle. Nur Geduld müssen wir haben.«

Ich antwortete der Mutter auf diesen Brief nicht; ich fand es nicht nötig, denn ich wußte ja, wie die Situation war. Wir machten es weiter, wie vereinbart.

Nun stand sie gestern in der Klasse, brachte mir den Grundwortschatzzettel und sagte: »Frau Wolf, ich weiß jetzt nicht mehr, was ich mit ihm üben soll. Er kann die Wörter. Zu Hause kann er sie.«

Die Kinder bekamen eine Aufgabe, und wir setzten uns an den runden Tisch. Damit wir nicht gestört wurden, haben wir so ein kleines Schild vor den Eingang gestellt; das akzeptieren die Kinder. Und ich habe Jan-Carlos die Wörter diktiert: Es war so, wie seine Mutter sagte. Er schrieb sie wirklich alle richtig, bis auf drei!

Jan-Carlos übernimmt Verantwortung

Am Ende des Schuljahres stand unsere Aufführung an, ein »Konzert«. Wir wollten die Lieder, die wir gelernt hatten, mit Kostümen und Requisiten vortragen. Die Aufführung würde 1 1/2 Stunden dauern – mit einer Pause dazwischen. Die Kinder standen auf einer Bühne, die aus Tischen zusammengestellt war, und die Zuschauer saßen in Reihen.

Jan-Carlos ist immer noch ein sehr unruhiges Kind. Es war für mich ein großes Problem, wie er diese Zeit wohl durchstehen sollte. Es gibt noch andere unruhige Kinder in dieser Klasse, die sich aber zum Teil doch steuern können. Aber wenn dann einer unruhig wird, dann – weiß jeder – greift die Unruhe um sich. Jan-Carlos kann seine Unruhe wenig steuern. Ich wollte auf keinen Fall, daß er auf der Bühne einen unruhigen, unkonzentrierten Eindruck macht, denn das hätte seinem Image geschadet. Und das wollte ich nicht. Ich überlegte und überlegte ... Er konnte auch nicht in der zweiten Reihe stehen. Er mußte wenigstens vorn stehen, weil er klein ist. Mir fiel nichts ein. In unserer Aufführung spielt die Sonne eine große Rolle, und wir hatten eine Sonne oberhalb der Bühne an einer Türöffnung befestigt.

Am Abend vor der Aufführung kam mir eine Idee, von der ich dachte, das könnte möglich sein. Ich nahm die Sonne von der Türfüllung, besorgte eine zwei Meter lange Rundholzstange und befestigte die Sonne an diesem Stiel. Ich machte sie nicht sehr fest, sondern ließ sie noch ein kleines bißchen wackeln, wußte aber, daß sie nicht abfallen konnte. Dann nahm ich die Sonne mit in die Klasse. Die Kinder waren von diesem Requisit begeistert und jeder wollte die Sonne haben – zum Halten auf der Bühne: auch Jan-Carlos. Das war mein Glück. Ich ging zu ihm und sagte: »Probier mal, ob du diese lange Stange festhalten kannst.« Er nahm die Stange in eine Hand, und sie wackelte erheblich. Ich sagte: »Du mußt sie, ich glaube, du mußt sie mit zwei Händen festhalten, sie ist ja so lang.« Er tat es. Er war unglaublich stolz, weil er der einzige war, der diese Sonne kriegte. Ich sagte: »Traust du dir zu, die Sonne beim Konzert auf der Bühne in der ersten Reihe so festzuhalten, daß sie nicht dauernd wackelt? Denn am Himmel wackelt die Sonne ja auch nicht dauernd.« Ich sagte: »'n bißchen kann das schon mal sein, und wenn du gar nicht mehr halten kannst, dann gibst du sie deinem Nachbarn. Dann ruhst du dich mal aus, und dann kriegt dein Nachbar sie. Und dann kannst du sie dir wiedernehmen.« Er überlegte und wollte dieses Objekt auf keinen Fall wieder aus den Händen geben und sagte: »Ja, das schaff ich.«

Ich habe für die anderen unruhigen Kinder noch Wolken gemacht und einen Vogel und – für die zweite Hälfte des Festes auch einen Mond. Es hat vorzüglich geklappt, denn die Verantwortung für diese begehrten Objekte war groß. Die Kinder hatten etwas, woran sie sich festhalten konnten; das ist für unruhige Kinder sicher auch nicht zu unterschätzen.

Übrigens hat Jan-Carlos die Sonne nur während seines eigenen Auftritts abgegeben. Ansonsten hat er die Verantwortung voll übernommen.

Corinna

Unsere Pausenmärsche

Ich kannte Corinna schon lange aus der Pause – ein großes, etwas massiges Kind. Wenn ich Aufsicht hatte, lief sie neben mir her und erzählte viel von sich. Ich dachte mir, daß sie wohl keine gleichaltrigen Kinder hatte, denen sie sich zugesellen konnte.

Als dann feststand, daß Corinna das erste Schuljahr wiederholen sollte, äußerste sie den Wunsch, in meine Klasse zu kommen: vielleicht waren die kleinen Pausenmärsche, die wir das Jahr über gemacht hatten, der Grund dafür.

Da war sie also in unserer Klasse, beladen mit all den negativen Erfahrungen aus den vorangegangenen Jahren. Es waren nicht nur negative Schulerfahrungen aus der Vorschulklasse und Klasse 1; auch am Nachmittag wurde Corinna gehänselt; sie hatte keine Freunde. Und die Mutter sagte, daß sie gar nicht mehr gern auf die Straße geht.

»Guck doch mal, wie wunderschön ich den Buchstaben hingekriegt habe«

Corinna erwartete eigentlich von jedem, der sich ihr näherte, ein feindliches Verhalten. Und so war sie selbst aggressiv; vor allem in den Pausen waren ihr die anderen Kinder ausgeliefert.

Ich sprach mit den Kindern und versuchte, ihnen klarzumachen, wie schwer es Corinna im Moment hat: Sie kennt keinen aus der Klasse. Sie ist uns noch fremd. Die Kinder hörten interessiert zu. Ich glaube, sie konnten sich in die Situation einfühlen. Ich bat sie um Geduld und sagte, daß es eine Weile dauern wird, bis sich Corinna in unserer Klasse wohlfühlt; und daß wir alle etwas dazu tun könnten, daß es etwas schneller geht.

Aber das war schwer. Alles, was Corinna tat, begleitete sie mit Worten, so laut, daß jeder gezwungen war zu hören, was sie gerade dachte. Und Corinna war sehr langsam. Wenn sie nach langen Suchaktionen endlich ihre Arbeitsutensilien und die richtigen Hefte vor sich auf dem Platz liegen hatte, hatte sie wieder vergessen, welches die Aufgabe war. Dadurch erreichte sie, daß ich – oder auch manchmal eine Mutter – zu ihr kamen, um ihr weiter auf die Sprünge zu helfen. Während die anderen Kinder inzwischen mit ihrer Aufgabe fast fertig waren, sie hatten schon eine ganze Zeile oder sogar eine halbe Seite geschrieben, hatte Corinna gerade den ersten Buchstaben auf dem Blatt. »O, Frau Wolf, guck doch mal, wie wunderschön ich den Buchstaben hingekriegt habe.« – Die anderen Kinder sahen Corinna an, als ob sie von einem anderen Stern käme.

An manchen Tagen ist man natürlich sehr locker, und an manchen Tagen ist man nicht so ganz locker. Und je mehr sich das häuft, was sie da so an eigenartigen Sachen bringt, desto mehr muß man natürlich irgendetwas sagen. Und jedesmal hat man wieder ein neues schlechtes Gewissen, weil man weiß, es ist genau das Falsche, was man macht. So! Aber man muß ja reagieren, die anderen Kinder, die sitzen da und gucken und warten auf das, was man macht.

Zwei Telefonnummern

Ich hatte alles für die Telefonbücher vorbereitet, die 26 Karteikarten mit Foto, Name und Telefonnummer und die leeren Formulare für jedes einzelne Kind. (Ich habe davon ja schon berichtet; s.S. 86f.) In kürzester Zeit hatten die meisten Kinder drei oder vier Seiten für ihr persönliches Telefonbuch fertig, einige hatten auch schon fünf, sechs und sieben Blätter geschrieben und kamen, damit ich sie ihnen hefte.

Corinna fängt als eine der letzten an. Sie wählt zuerst ihr eigenes Bild aus, schreibt ihren Namen und ihre Telefonnummer ab. Dann nimmt sie die Karte mit meiner Telefonnummer und schreibt sie ab. Sie läßt sich viel Zeit. Zum Schluß hält sie ihre beiden Blätter in der Hand und will weiter keine Telefonnummer mehr schreiben.

Am Nachmittag überdenke ich die Situation noch einmal: kein anderes Kind hat die eigene Nummer aufgeschrieben, nur wenige haben meine Nummer genommen. Und wohl kein Kind hat sich Corinnas Nummer ausgesucht.

Die Geschichte mit dem Stuhl

Bevor die Kinder mittags nach Hause gehen, stellen sie ihre Stühle auf den Tisch. Nicht so Corinna! Obwohl sie wirklich am größten war. Und die Gefälligkeit der Kinder Corinna gegenüber ging so weit, daß sie, wie selbstverständlich, Corinnas Stuhl immer mit auf den Tisch stellten.

Eines Tages, es war Herbst, ereignete sich folgendes: Nachdem die Kinder ihre Stühle auf den Tisch gestellt hatten, gingen sie auf den Flur, um sich anzuziehen. Ich stand im Türrahmen und sah noch mal nach dem Rechten. Da sagte Martin: »Du, die stellt nie ihren Stuhl hoch.« Corinna stand mit dem Rücken zu mir und zog ihre Jacke an. Die anderen Kinder hörten auf, sich anzuziehen und sahen mich an. Ich sagte zu ihm: »Weißt du, in der Zeit, wo du mir das sagst, kannst du ihn doch eben mal mit hochstellen.« Er stand vor mir, sah mich an und sagte noch einmal: »Die stellt aber nie ihren Stuhl hoch!« Alle Kinder standen inzwischen um mich herum und warteten darauf, wie ich reagiere. Also sagte ich: »Wenn sie nie ihren Stuhl hochstellt, dann muß sie das ja vielleicht nochmal gezeigt kriegen. Dann muß sie das ja mal lernen.« Ich sagte daraufhin zu Corinna: »Dann geh doch noch mal eben rein und stell deinen Stuhl hoch.« Corinna reagierte nicht. Sie stand da wie versteinert, hielt ihre Jacke halb angezogen fest und verzog keine Miene. Blitzartig wurde mir klar, daß von dieser Situation für uns alle viel abhängt.

Ich fand es gut, daß Martin so beharrlich war. Ich wußte auch, daß die anderen Kinder von mir jetzt eine gerechte Entscheidung forderten. Ich schickte Corinna also noch einmal in die Klasse und sagte zu ihr: »Nun stell mal deinen Stuhl hoch. Das geht ganz schnell, und das ist nur ein Klacks, und du bist ja auch wirklich stark genug.«

Corinna ging in die Klasse. Die anderen Kinder zogen zufrieden nach Hause, weil ich nun etwas unternommen hatte. Als ich in die Klasse kam, stand Corinna noch so da, wie ich sie verlassen hatte und rührte sich nicht. Ich sagte zu ihr: »Weißt du, das ist doch nun wirklich kein Problem, so einen kleinen Stuhl auf den Tisch zu stellen – wirklich kein Problem! Das machen alle Kinder, wenn sie nach Hause gehen, und auch du kannst heute nicht durch diese Tür gehen, bevor du den Stuhl nicht hochgestellt hast.« Da setzte sie sich auf den Stuhl, schlug die Arme um ihren Körper, schloß den Mund zu einem dünnen Strich und machte die Augen zu. Es gab keine Antenne mehr nach außen. Ich habe noch nie ein Kind gesehen, das so zu war. Was ich dann zu ihr sagte, hat sie überhaupt nicht in sich reingelassen. Sie tat mir furchtbar leid. Ich habe zu ihr gesagt: »Weißt du, ich fasse den Stuhl mit dir zusammen an. Und ich stelle ihn mit dir zusammen hoch. Ich würde das alles mit dir machen. Aber du mußt mitmachen.« Corinna reagierte nicht. Sie drehte sich mit dem Stuhl so, daß sie die geschlossene Tür anschaute und mir den Rücken zeigte. Ich dachte: Du läßt sie jetzt erst mal in Ruhe. Du kannst ja nicht dauernd mit ihr reden, denn dann verschließt sie sich ja nur noch mehr. Aber ich habe immer versucht, im Kontakt mit ihr zu bleiben, weil ich es einfach auch für mich brauchte. Denn für mich war diese Situation kaum auszuhalten. Ich habe im Klassenraum aufgeräumt und die Unterrichtsmaterialien für den nächsten Tag bereitgestellt.

Ich denke, es sind ungefähr 20 Minuten vergangen. Sie hat nicht reagiert. Und mir wurde klar, daß irgendeine neue Wendung in die Situation kommen mußte; denn jetzt war die Zeit da, in der Corinna eigentlich bald zu Hause sein müßte. Ich sagte zu ihr: »Corinna, du hast jetzt hier fast eine halbe Stunde so gesessen. Ab jetzt können wir deine Mutter eigentlich nicht mehr im Ungewissen lassen. Ich muß jetzt ins Büro hochgehen und deine Mutter anrufen, damit sie weiß, daß du noch hier bist. Sonst denkt sie, du bist überfahren worden. Weißt du, ich geh jetzt in den Gruppenraum und hol meine Jacke. Und dann komme ich an dir vorbei. Und dann gehe ich zum Schreibtisch. Dann komme ich nochmal an dir vorbei. Und wenn du den Stuhl hochstellen möchtest, bis ich bei der Tür bin, kannst du das tun, ohne daß ich deine Mutter anrufen muß. Aber wenn du das nicht tust, weil du es nicht kannst, dann, muß ich dir sagen, ruf ich deine Mutter an, damit sie sich keine Sorgen macht. Und dann kriegst du bestimmt großen Ärger zu Hause.«

Es war mir durchaus klar, daß sich das Ganze zu einem Machtkampf zwischen mir und ihr ausweitete. Es war mir aber auch klar, daß ich die Situation mit ihr durchstehen mußte, wenn ich bei ihr etwas bewirken wollte – im Leistungsbereich und im sozialen Bereich.

Dann bin ich losgegangen in den Gruppenraum, habe extra langsam gemacht, bin langsam zum Pult gegangen ... und habe immer mit ihr gesprochen. Ich sagte: »Corinna, nun geh doch los und setz den Stuhl auf den Tisch! Mensch, nun nimm doch mal den Stuhl! Ich helf dir auch.« Aber Corinna konnte nicht reagieren. Und dann mußte ich tatsächlich hochgehen ins Büro, um der Mutter Bescheid zu sagen. Eine Praktikantin, die während der ganzen Zeit in der Ecke an einem runden Tisch gesessen hatte und schrieb, blieb während der Zeit im Klassenraum.

Ich habe die Mutter erreicht und informiert. Die Mutter bestärkte mich und sagte: »Das ist ganz in Ordnung. Das ist gut so. Ich kenne sie ja, und ich weiß, daß sie manchmal nicht mehr ansprechbar ist.« Als ich wieder in den Klassenraum kam, saß Corinna immer noch auf dem Stuhl: Ihr liefen aus den geschlossenen Augen lautlos Tränen übers Gesicht. Mich machte das ganz fertig. Das war nämlich das einzige an dem ganzen Kind, was überhaupt an Bewegung da war. Ich habe mich wieder hingesetzt und gedacht: Du mußt jetzt so handeln, wie du es für richtig hältst, und wie du es auch vor dir selber verantworten kannst.

Ich habe dann versucht, so eine Art Stimmfühlungslaute abzugeben – so wie die Enten zu ihren Küken – und habe immer zu ihr gesagt: »Weißt du, wenn es so weit ist, wenn du den Stuhl hochsetzen willst, sagst du mir Bescheid, nicht.« Als ich mir dann überlegte, daß es bei ihr nie so weit sein würde, daß sie von sich aus den Stuhl hochstellte, dachte ich: Du mußt es noch anders machen.

Ich habe mich so gesetzt, daß ich sie im Blick hatte und zu ihr gesagt: »Du, ich glaube, ich achte jetzt mal ein bißchen auf deinen Fuß. Denn, wenn du den Stuhl hochstellen willst, mußt du ja aufstehen und den Stuhl anfassen. Und wenn ich jetzt so'n bißchen deinen Fuß anschaue, dann sehe ich ja sicher, wann er so'n kleines bißchen wackelt, um aufzustehen. Dann komme ich. Wenn ich das so sehe, dann komme ich und helf dir.« Und da sah ich, daß sie ein ganz kleines bißchen lockerer wurde und mit ihrem Stuhl sich so eine kleine Nuance zu mir hindrehte. Vielleicht wollte sie mir signalisieren, daß jetzt etwas in Gang kommt.

Ich sah dann, daß Corinnas Fuß von dem übergeschlagenen Bein ein kleines bißchen in Bewegung geriet, stand auf und sagte: »Also, wenn ich deinen Fuß ansehe, denke ich mir fast, daß du den Stuhl jetzt hochstellen möchtest. Ich komm, und wir machen's gemeinsam.« Ich bin dann zu ihr hingegangen und habe sie ein kleines bißchen an der Schulter berührt, habe ihr noch mal gut zugeredet. Und da ist sie tatsächlich aufgestanden und hat mit sicherem Griff den Stuhl mit ihren beiden Händen genommen und ihn hochgestellt. Ich habe zu ihr gesagt: »Weißt du was, jetzt ziehst du dich draußen an.« Ich dachte, sie braucht jetzt einfach erst mal so einen Raum, wo sie allein ist, und wo sie sich selbst mal wieder richtig locker lassen kann. Dann habe ich weiter zu ihr gesagt: »Und wenn du dich angezogen hast, kommst du bitte noch mal rein. Dann sag ich dir nämlich nochmal ganz nett Auf Wiedersehen. Weißt du, es ist nämlich heute Freitag. Und dann ist das Wochenende, und es ist mir sehr wichtig, daß wir am Wochenende beide ganz nett voneinander denken. Und dazu gehört, daß wir uns noch schön Auf Wiedersehen sagen.« Sie ging raus und machte die Tür zu. Ich sah sofort, daß sie ihr Ränzel schon mitgenommen hatte und glaubte, sie kommt bestimmt nicht nochmal rein. Nach dieser Tortur, dachte ich, hat sie die Nase voll. Und sie kam und kam nicht.

Nach langer Zeit ging die Tür auf, und Corinna stand lächelnd und locker im Türrahmen. Sie sagte: »Ich war auf dem Klo.« Und dann kam sie durch die ganze Klasse und stellte sich neben mich. Ich sagte zu ihr: »Weißt du, wir machen das hier für Montag. Da fangen wir an, Sterne zu basteln.« Da sagte sie: »Oh, meine Mama, die ist auch so eine Bastlerin. Die bastelt auch immer zu Hause.« Ich sagte zu ihr: »Du bist jetzt die einzige, die weiß, was wir am Montag machen wollen.« Darauf erwiderte sie: »Ich freue mich schon auf Montag.« Und wir verabschiedeten uns.

In dieser Krisensituation sind wir beide uns, glaub ich, sehr nahe gekommen. Ich habe von Corinna erfahren, wie sicher, konsequent und willensstark sie versuchte, ihre erprobten Verhaltensmuster auch bei mir anzuwenden. Sie wiederum mußte erfahren, daß das nicht überall möglich ist, und daß Forderungen, die notwendig sind, auch erfüllt werden müssen. Ich habe Corinna nie wieder so versteinert gesehen wie in dieser Situation, obwohl es natürlich immer wieder Tage mit massiven Problemen gab.

Die »Scheußlichkeiten«

Es hängt einem zum Hals raus, wenn hier die Ränzel immer voll Monster sind. Gerade die Kinder, die es eigentlich nötig hätten, sich zu konzentrieren, spielen unterm Tisch oder auch auf dem Tisch am liebsten mit Barbie, Superman, mit den Turtles und wie sie alle heißen, diese Scheußlichkeiten. Ich kenne niemanden, der das im Unterricht erträgt. Ich hatte sie jedenfalls verbannt; in der Pause, da konnten sie sie mit nach draußen nehmen.

Corinna nun hat eine große Vorliebe für Batman. Sie kennt die Serie aus dem Fernsehen, sammelt alles, was es zu Batman gibt, und bringt ihre »Schätze« mit in die Schule: den Batman-Anhänger, die Batman-Stempel, die Batman-Puppe… . Sie hat einfach alles, was es auf dem Markt gibt. Jedem erzählt sie von Batman; jedem macht sie Batman-Stempel auf die Hand, auf sein Blatt. Aber bald will das niemand mehr.

Eigentlich bin ich ratlos. Wir kommen jetzt – inzwischen ist es Januar – zwar gut miteinander aus, aber im Lernen hat Corinna kaum Fortschritte gemacht: nicht beim Wunschzettel, nicht bei den Lesezeiten mit all den verschiedenen Aktivitäten. Sie kann immer noch nicht lesen, schreibt nie etwas von sich aus auf. Mit vielen Freunden und Kollegen habe ich über Corinna geredet, auch im Seminar. »Du mußt unbedingt Batman in dein Klassenzimmer lassen, damit Corinna sich mit ihrem Interesse ernst genommen sieht.« Hieß es. Das war, wie jeder nachvollziehen kann, ein ungeheuerliches Ansinnen und ging mir sehr gegen den Strich.

Heute nun hat Corinna mir dieses Blatt auf den Schreibtisch gelegt. Ohne ein Wort.

Batmann verwandelt sich, und Corinna lernt schreiben

Ich habe ein Projekt geplant. Ein Projekt für alle Kinder: Unsere Lieblingsfiguren. »Wer könnte das sein?« Als ich das frage, werden zuerst Michel (aus Lönneberga) und Pippi Langstrumpf genannt. Renate meldet sich, zögert dann. »Das sag ich lieber nicht.« Ich fordere sie noch einmal auf. »Batman.« Die anderen Kinder kichern; nennen dann schließlich Barbie, Ghost Buster, den kleinen Vampir, Benjamin Blümchen und die kleine Hexe. Knut sagt: »Und was du nicht hören magst: Heman! – Die Scheußlichkeit Heman!«

Die Kinder können schreiben und malen zu ihrer Lieblingsfigur. Alle Kinder schreiben; für acht ist es das erstemal, daß sie einen eigenen Text verfassen. Die Mädchen schreiben z.B. von Pippi, dem kleinen Vampir; die Jungen über Batman, die Gruppe Mask, über Benjamin Blümchen und Heman.

Meist ist das einfach eine Kurzfassung der Handlung. Manche bringen sich mit in die Geschichte hinein: »Benjamin Blümchen und ich und Otto fahren übers Meer ...« »Pippi Langstrumpf und Simone gucken die Welt an ...«

Corinna ist an diesem Tag nicht in der Schule. Am nächsten Tag sieht sie die Texte der anderen, sie sieht, wie die anderen noch weiter schreiben. Sie sagt zu mir: »Die schreiben über Sachen, die es eigentlich nicht gibt. Dann kann ich ja mal über Batman schreiben.«

Sie ist das einzige Mädchen, das über Batman schreibt. Zwei Stunden sitzt sie daran. (Batman 16. 1.).

Die Kinder tragen ihre Werke zusammen, lesen vor, was sie geschrieben haben, schreiben immer mehr Texte. Wir wollen daraus ein Klassenlesebuch »Figuren« machen. Dafür muß natürlich alles richtig geschrieben sein. Die Kinder erkundigen sich nach der Schreibweise der Namen. Corinna ist die Expertin für alle Fragen aus dem Umkreis von Batman. Sie schreibt noch zwei Texte mehr in diesen Wochen (Batman 19. 1.; 6. 2.).

Die anderen Kinder sind empört. Weshalb malt sie ihn rosa? Ich unterstütze Corinna: »Ich will euch mal was sagen. Denkt ihr, daß Batman immer, auch zu Hause, mit seinem blauen Mantel rumläuft? Das ist ja viel zu unbequem. Zu Hause zieht er sich um. Und da hat er auch einen rosa Anzug. Das ist eben Corinnas Batman privat.«

Batmans Verwandlungen interessieren nun die anderen Kinder. Sie kommen ins Gespräch. »Batman-privat. Das ist der von Corinna.« Und zum erstenmal setzt sich in der Tischspielzeit ein Kind neben Corinna. Das ist Anna. Und Alexander kommt und bringt ihr einen verschlossenen Briefumschlag. »Für Corinna von Alexander« steht darauf. Er hat ein Batman-Poster aufgeklebt, dann als Puzzle zerschnitten.

Drei Wochen lang sind wir mit den Figuren beschäftigt. Für das Lesebuch schreibe ich die Texte ab, klebe die Bilder dazu. Die Originaltexte stecken wir hinten in das Buch in eine Falttasche. Corinna sucht für das Buch die Geschichte mit den Zwillingen aus. Und zum Schluß feiern wir ein »Figuren-Fest«. Beim Basteln dafür passiert Corinna ein Mißgeschick. »O, jetzt hab ichs zerrissen.« Für einen Augenblick sieht

Batmans Verwandlung

Batman 16. 1.

BÄTMÄN.HeiraTen
dnrufen KüÇen.
KeseMa bösFRagein

Batman. Heiraten. Anrufen. Küssen Kerzen machen, das (will ich dich) fragen.

BÄHMÄN. Corinna
ich.müch deHrAneN
ieNBRAu dK
BLumeh.SchRAyS

Batman. Corinna. Ich möchte dich heiraten. Ein Brautkleid. Blumenstrauß.

BATMÄN Mond FLidzh oMond

Corinna echtliPe dech RoPeN Komd ge.Fld

Hei raden die rene KaAu Fen lWirKriten

2 Zwele

6.2.

Batman fliegt zum Mond. Corinna, ich liebe dich. Robin kommt geflogen.
Heiraten. Die Eheringe kaufen. Wir kriegen zwei Zwillinge.

Batman 3. 4.

Corinna und Bätman undroben woln
insMoseoM Farehmitaen Auto.
diswilln sentasuHaus.

indersweilinsTrdse.Sendwirangegomen.
dassdeigen wirAus.
genessmoseoM.

Corinna und Batman und Robin
wollen ins Museum. Fahren mit dem Auto.
Die Zwillinge sind zu Haus.
In der zweiten Straße sind wir angekommen.
Da steigen wir aus.
Gehn ins Museum.

es so aus, als würde sie anfangen zu weinen. Aber dann sagt sie: »Na, macht nichts. Mach ich das eben anders.« Zum Fasching kommt Corinna natürlich als Batman.

Damit, dachte ich, war das Thema abgeschlossen. Corinna hatte inzwischen lesen gelernt, auch im Schreiben machte sie sichtbare Fortschritte.

Nach den Frühjahrsferien Anfang April aber greift sie von sich aus während der Freiarbeit das Thema noch einmal auf. An zwei Tagen nacheinander arbeitet sie ohne Unterbrechung an Text und Bild, jeweils zwei Stunden lang. (Batman 3. 4.)

Bei Batman ist der Alltag eingekehrt: die Geschichte ist abgeschlossen, die Figuren tauchen nicht wieder auf. Corinna schreibt weiterhin eigene Texte, Batman aber erwähnt sie nicht mehr. – Übrigens bringt auch kein anderes Kind mehr eine »Scheußlichkeit« mit in die Schule.

Corinna feiert zum erstenmal Kindergeburtstag

Corinna erzählt, daß sie bald Geburtstag hat und 8 Jahre alt wird. Sie hat nun schon oft erlebt, wie die Kinder sich gegenseitig zum Geburtstag einladen. Eines Tages höre ich, wie sie zu Jost sagt: »Du, ich hab bald Geburtstag. Da lade ich dich ein.« Jost sieht kaum auf: »Zu dir komm ich doch nicht.« Er wendet sich ab und murmelt vor sich hin: »Da geh ich doch nicht hin!« Das tat mir sehr leid für sie, und ich dachte, ich müßte einmal mit ihr reden.

Ich setzte mich etwas abseits mit ihr und fragte sie, ob sie nicht bald Geburtstag hätte? »Ja«, sagt sie, »und meine Mutter hat gesagt, ich darf auch feiern. Ich hab noch nie gefeiert.« Ich sagte: »Was wollt ihr denn machen, wenn du feierst?« – »Wir geben ne Party. Ich hab auch noch nie ne Party gegeben.« Ich sagte: »Was macht ihr denn bei der Party? Habt ihr darüber schon geredet?« »Nein«, sagt sie, »aber da wollen wir noch mal darüber reden, meine Mama, mein Papa und ich.«

Zwei Tage später kommt sie zu mir: »Ich weiß jetzt, was wir zu meinem Geburtstag machen. Wir haben den Partykeller gemietet, und dann feier ich ne Party, und Jost kommt auch.« »Ja«, sag ich, »das find ich ja ganz toll.«

Im Laufe des Vormittags setze ich mich mal zu Jost und frage ihn, ob er zu Corinna zum Geburtstag geht. »Ja«, sagt er, »da geh ich hin. Die haben ein großes Programm. Die gehn erst ins Wellenbad, dann zu McDonalds, dann zu Hause Eis satt essen und dann zum Spielplatz, zu dem ganz großen.« Da wurde mir klar, daß an der Sache etwas nicht stimmt.

Abends habe ich die Mutter angerufen und sie gefragt, ob denn Corinna Kindergeburtstag feiern darf. »Ja«, sagt die Mutter, »sie hat ja noch nie gefeiert, und nun wird sie acht. Sie hat drei, vier Kinder angesprochen. Die kommen wohl.« Weiter geplant hatten sie noch nichts. All die Sachen, von denen Corinna zu Jost gesprochen hatte, die hatte sie erfunden, weil sie wußte, sie mußte die Kinder mit etwas Attraktivem locken.

Ich überlegte mit der Mutter, was man an so einem Nachmittag machen könnte. Zum Beispiel Topfschlagen. Da erinnerte sie sich an ihre Kindheit und sagte: »Das haben wir früher auch gemacht. Und dann haben wir auch noch im Sandkasten so Geschenke verbuddelt.« Ich habe ihr erzählt, was Corinna sich alles gewünscht hatte. Die Mutter sagte: »Das ist viel zu teuer.« Ich hab ihr noch mal den Spielplatz in Erinnerung gebracht. Das kostet ja nichts. »Und dann wünscht sich Corinna ja Eis, Eis satt. Das wünscht sich, glaube ich, jedes Kind. Und alle, die Corinna besuchen, essen das bestimmt gern. Es ist ganz, ganz wichtig für Corinna, daß es eine schöne Geburtstagsfeier wird. Davon hängt viel für sie ab.«

Corinna hat dann Einladungskarten verteilt, und sie hat mit ihrer Mutter den Partykeller geschmückt. Sie sind alle hingegangen, die sie so eingeladen hat: Jost und Anita; und Alexander. Ich glaube, es war ein schöner Geburtstag für sie. Einmal war sie der Mittelpunkt.

Corinna hat eine Freundin

Kurz nach ihrem Geburtstag kommt Corinna zu mir und sagt: »Du, ich hab ne neue Freundin.« Ich sag: »Wer ist das denn?« »Das ist Anita!« Ich muß gestehen, daß ich skeptisch war, denn Corinna erzählte ja viel, was nicht immer den Tatsachen entsprach. Ich ging also einmal an Anita vorbei und fragte sie: »Anita, ist Corinna jetzt deine Freundin?« »Ja«, sagte Anita, »das stimmt. Ich finde sie sehr nett.«

Als die beiden Mädchen an einem der nächsten Tage beim Malen nebeneinander saßen, ging ich zu ihnen und fragte sie, ob sie gern zusammen sitzen würden? Denn Anita saß neben Lisa, und Corinna saß neben Martin. »Oh ja«, sagten sie beide und nahmen sich in den Arm. Ich sprach mit Martin, ob er etwas dagegen hätte, wenn Lisa sich neben ihn setzte. Das fand er in Ordnung, und Lisa war es auch recht. Somit saßen Corinna und Anita fortan nebeneinander.

Anita hat einen starken Einfluß auf Corinna. Sie arbeitet konzentriert und intensiv und wird ganz nervös, wenn Corinna sie stört. Weil es aber Corinna wichtig ist, daß sie neben Anita sitzen bleiben kann, ändert sie ihr Verhalten und beginnt auch, kontinuierlicher zu arbeiten. Außerdem wird sie von Anita manchmal zurechtgewiesen. Ich sage jetzt nur ganz selten: »Nun beeil dich doch mal!«

In die Pause geht Corinna jetzt auch locker und mit freundlichem Gesicht, denn sie braucht nicht mehr herumzustehen; sie wird nicht mehr gehänselt; sie weiß, Anita ist ihre Freundin, die steht ihr bei. Anita genießt bei allen Kindern ein hohes Ansehen, und davon profitiert nun auch Corinna.

Inzwischen war Corinna auch bei Anita zu Hause eingeladen. Das ist ihr bisher noch nie widerfahren. Ich fragte dann Anitas Mutter einmal, wie dieses Unternehmen verlaufen ist. »Es war ein schöner Nachmittag. Corinna ist ja ein charmantes Kind.« Es hat lange gedauert, bis wir entdecken konnten, was Corinna auch für charmante Züge haben kann. Es wäre sicher nicht so weit gekommen, wenn sie nicht durch Konsequenz und Energie und viel Zuwendung erfahren hätte, daß wir wirklich interessiert an ihr sind.

Die Beziehung zwischen Anita und Corinna blieb bis zum Ende des Schuljahres bestehen (danach hatte ich die Klasse ja nicht mehr); aber sie war auch durch Höhen und Tiefen gekennzeichnet. Corinna verfiel immer mal wieder in ihre aggressiven Verhaltensweisen, fand jetzt aber viel schneller daraus wieder zurück als im Anfang, wo sie wie versteinert reagierte. Deutlich wurde mir das durch ein Rätsel, das Anita schrieb. Kurz vor den Sommerferien haben wir uns mehrere Tage mit Rätseln befaßt. Wir haben bekannte Rätsel geraten, uns aber auch selbst Rätsel ausgedacht. Viele Rätsel. Eines von Anitas Rätseln lautete so: »Warum müssen die besten Freunde manchmal so doofe Kinder sein?« Sie hat es den anderen Kindern in der Rätselrunde nie vorgelesen; ich fand es unter ihrem Tischplatz.

Die Sonne ist.
So Schön

Sie strdt So schön
Sie Macht uns
Schön

Aber Sie kahn
noch Mer.
Sie Macht
Glük;

Nachwort

Erzählungen einer Lehrerin als Fachbuch, das mag als Widerspruch erscheinen. Wir sind auf diese Form der Präsentation von Unterricht gestoßen, als es eigentlich um anderes ging: Im Rahmen eines Projekts (s. Vorwort) haben wir Unterrichtsdokumente (Tonbandprotokolle, Kinderarbeiten als Beleg ihrer Lernentwicklung) gesammelt und mit den betroffenen LehrerInnen und Studierenden über ausgewählte Ausschnitte nachgedacht. Im Gespräch über das Verhalten von Kind und LehrerIn, über die Gruppe, über Aufgabenstellung und Lernumgebung haben wir bemerkt, daß in solchen Ausschnitten grundlegende Fragen des Unterrichts faßlich werden und in der Auseinandersetzung mit solchen Schlüsselszenen und Kinderarbeiten Positionen geklärt, Alternativen erörtert, Zusammenhänge sichtbar werden und dabei jedeR einzelne seine Fähigkeit, Unterrichtsprozesse im eigenen Schulalltag zu beobachten, sein eigenes Verhalten zu reflektieren, im Unterricht zu handeln, erweitert und sichert. Im Seminar hat Ingeborg Wolf-Weber immer wieder einmal gesagt: Und jetzt möchte ich eine Geschichte noch erzählen. Gesprochen haben wir seinerzeit darüber nicht.

Inzwischen sind die Schlüsselszenen und die Berichte über die Lernentwicklung einzelner Kinder ebenso wie einige der Erzählungen Bestandteil der Arbeitsmaterialien für den BLK-Modellversuch der Hamburger Schulbehörde »Elementare Schriftkultur als Prävention von Lese-Rechtschreibschwierigkeiten und Analphabetismus bei Grundschulkindern«. Und die Erzählungen der Lehrerin erweisen sich – wenn auch auf andere Weise – gleichermaßen als nützlich für die Arbeit an Grundfragen, z.B.:

— Widerstände beim Lernen (bei Kind und LehrerIn)
— Formen der Lernbeobachtung
— Zugänge zur Schriftkultur für Kinder aus schriftfremder Umgebung
— Anbahnung von Schrifterfahrung
— Lernvoraussetzungen und Lernschwierigkeiten
— Bedeutung des sozialen Kontextes für das Bewältigen von Lernschwierigkeiten
— Strukturierung des Unterrichtsgegenstandes
— Stringenz des Lehrgangs
— Entdecken – Üben – Gestalten und ihr Zusammenhang im Unterricht
— Kongruenz von Lehrerverhalten und Aufgabenstellung
— Lehrerhilfen bei Schwierigkeiten
— Funktion des Lernmediums für den Lernprozeß
— …

Die Schlüsselszenen und Lernentwicklungen geben in exakter und – im gegebenen Rahmen – vollständiger Dokumentation den Blick von außen;[1] die Erzählungen der Lehrerin ausdrücklich die Sichtweise persönlicher Betroffenheit. Wir haben hier auch im Stil das Narrative zu erhalten gesucht und auf Belege und Unterrichtsdokumente verzichtet (z.B. auf Ergebnisse der Lernbeobachtung Lesen und Schreiben in Klasse 1 von Jan-Carlos und Corinna);[2] Kinderarbeiten haben wir nur aufgenommen, wo sie zum Verständnis der Erzählung notwendig sind. Anders als in Unterrichtsprotokollen kommen Kinder hier nicht direkt zu Wort, aber sie sind als Personen (als Gegenüber der Ich-Erzählerin) präsent in den gestalteten Namen aus der Vorschulklasse und in den Selbstportraits aus Klasse 1.

Am *Beispiel* einer Geschichte, der von Jan-Carlos und seinem »Wunsch, ein Wort zu besitzen« (S. 94f.), soll gezeigt werden, wie dies Buch auch als Fachbuch genutzt werden kann.[3]

Entdecken – Üben – Gestalten und ihr Zusammenhang im Unterricht

Jan-Carlos *entdeckt* etwas für sich und *übt* daraufhin mit Intensität, auf ein Ziel hin, mit Genauigkeit. Die Erfahrung, daß Schrift etwas persönlich Bedeutsames vergegenwärtigt, verfügbar macht, reißt Jan-Carlos – sogar im wörtlichen Sinn – vom Stuhl, und er wird bereit, sich diese Form im Prozeß wiederholten Lesens anzueignen, um sie den anderen Kindern seiner Klasse mitzuteilen und zu *präsentieren*. Er übt mit Einsicht in den Zweck und im Hinblick auf ein Ziel; (»mit Einsicht«, d.h. nicht, daß die Kinder dies auch formulieren könnten).

Jan-Carlos ist mit Schrift noch nicht vertraut: bei ihm zu Hause schreibt und liest niemand, und auch in der Schule ist ihm die Zeichenfunktion und der Zeichengebrauch noch fremd geblieben. Mehr mechanisch hat er sich das Nötigste angeeignet; vor Weihnachten in Klasse 1 kennt er einige Buchstaben, ihm gelingt ansatzweise die Synthese, und er hat sich einige Wörter gemerkt. Aber er sperrt sich. »Ich will ja gar nicht lesen«, sagt er; vielleicht auch aus Selbstschutz. Denn die meisten anderen können viel mehr mit Stift und Papier. Eine »natürliche Aneignung der geschriebenen Sprache« (Freinet) hat sechs Jahre lang nicht stattgefunden: sechs Jahre Erfahrungen mit Schrift fehlen. – Manchmal freilich denken wir zu wenig daran, was er statt dessen in dieser Zeit erlebt und erfahren hat.

Während den meisten anderen Kindern die Verbindung von Entdecken und Üben gleichsam von »selbst« gelingt, gelingt sie Jan-Carlos in dem sehr spezifischen Arrangement dieser Lernsituation mit seiner Lehrerin. Aber *Bedingungen* lassen sich benennen.

Schrift im sozialen Kontext

Lesen ist in dieser Klasse nicht bloß etwas Schulspezifisches, sondern wird bezogen auf die Welt der Bücher. Bei der Weihnachtsfeier werden sie verteilt; und zwar sind das Bücher, die einen Bezug zur Lebenswelt der Kinder haben, die ja weitgehend eine Fernsehwelt ist, gerade für Kinder wie Jan-Carlos.

Es gibt fast täglich »Lesezeit«. Zeit, in der jedes Kind liest, lesen soll. Dafür stehen Bilderbücher, Kinderbücher und Schulbücher bereit. Man kann auswählen. Man kann einen Partner fragen, man soll sich dann einen Erwachsenen suchen, um ihm das Erlesene vorzutragen. (Und wenn keine Studenten da sind, sind manchmal Mütter da, oder die Lehrerin allein ist die Adressatin.)

Das Kind hat viel Zeit;[4] es kann, wenn es mit der einen Lektüre fertig ist, eine zweite beginnen oder sich etwas anderes vornehmen.

Und der Stuhlkreis am Schluß dient dem Austausch über das Gelesene – auch als Anregung für die nächste Lesezeit. Eine Kontrolle (des einzelnen vor allen) findet nicht statt. (Eine solche Kontrolle enthält immer einen Leistungs*vergleich*). Hin und wieder aber liest ein Kind etwas Besonderes vor. Diesmal macht das Jan-Carlos. Und auf diese Weise kommt für ihn zu dem Entdecken und Üben noch das Gestalten.

Die Bedingungen beziehen sich auf die Inhalte des Lernens und das Lernmedium, auf die Organisationsform des Unterrichts, was die Anforderung an das einzelne Kind (Lektürewahl, eigenständige Auseinandersetzung mit dem Text, individuelle Kontrolle durch eine erwachsene Person) und den Bezug zur Gruppe betrifft (Austausch über den Inhalt des Gelesenen). Das Kind hat einen Freiraum innerhalb des genau definierten Rahmens »Lesezeit«.

Interaktion zwischen Lehrerin und Kind

Die Organisationsform gibt der Lehrerin die Möglichkeit, offen zu sein für das Anliegen einzelner Kinder – wie hier das von Jan-Carlos. Er sucht den Zugang zur Schrift nicht über das Medium, sondern über die Person (s.u.).

Die eine Bedingung, daß das gelingt, ist die, daß er Lesen und Schreiben als für sich persönlich bedeutsam erfährt. Hier wird solch ein *Brennpunkt des Lernens* im Inhalt des Geschriebenen gefunden. Ein anderes Mal könnte es auch der Schriftgebrauch oder die Gestaltung sein.[5] Nun muß man annehmen, daß die Lehrerin schon öfter versucht hat, seinen Widerstand zu überwinden, sein Interesse zu wecken, ihm Zugänge zu erschließen. Daß es diesmal gelingt, verdankt sich nicht geplanter Lehrintention, sondern pädagogischer Intuition. Wie wichtig der Hund für Jan-Carlos ist, wie aufregend, etwas von ihm zu lesen, das war nicht vorherzusehen. Ein anderes Mal könnte es ein Mensch sein oder ein Wunsch, eine Vorstellung oder eine bedrängende Erfahrung.

Eine andere Bedingung ist die behutsame und zugleich entschiedene Anforderung an seine Anstrengungsbereitschaft. Die Lehrerin läßt das Kind nicht allein mit den sieben Zeilen; sie begleitet seine Bemühungen, aber sie entfernt sich auch, so daß er sich auf sich selbst gestellt sieht. Mit der »Generalprobe« am Schluß gibt sie ihm die Sicherheit, sein Blatt der Gruppe präsentieren zu können. Und diese Möglichkeit zur »Gestaltung« ist wesentlicher Antrieb für ihn.

Also: Jan-Carlos erfährt den »natürlichen« Lernprozeß der Verbindung von Entdecken, Üben – mit Einsicht – und Gestalten von Schrift allererst in dem komplexen Bedingungsgefüge von Unterricht. Der Inhalt des Geschriebenen, der soziale Kontext der Klasse und die Verständigung mit der Lehrerin – im Spannungsfeld von Freiraum und Lenkung, Distanz und Nähe –, keine dieser Bedingungen wäre verzichtbar.

Die Lehrerin beschreibt einen Initiationsprozeß für den Schrifterwerb. Konstitutiv dafür sind auch *Papier und Stift.*

Schriftmedien und Lernmedien für Schrift

Schrift ist immer an ein Medium gebunden, an Stein oder gebrannte Erde, an Papier, Leinwand oder Holz oder an den Bildschirm. Schrift wird erzeugt: gemeißelt, geritzt, geschrieben, gedruckt, erzeugt als elektronischer Reiz; Schrift wird gelesen. Deshalb ist auch der Schrifterwerb nicht ohne Medium denkbar. Lesen- und Schreibenlernen könnte an primären Schriftmedien erfolgen (vor langer Zeit war die Bibel als Medium Ausgang und Ziel des Lesenlernens); traditionell aber werden (sekundäre) Medien für das Lesen- und Schreibenlernen bereitgestellt; Lernmedien wie die Schiefertafel, das Schulheft, die Fibel, der Leselehrgang, das Lernspiel und Arbeitsblatt zu spezifischen Teilleistungen des Schrifterwerbs wie visuelle, auditive Analyse, Lautsynthese, Wortsegmentierung, Worterkennen usf.

In dieser Geschichte von der Initiation eines Lernprozesses werden primäre Schriftmedien (Kinderliteratur, Papier und Stift, Foto) und Lernmedien (Fibeln von Lehrbuchverlagen, Eigenfibel, Arbeitsblätter) erwähnt. Statt selbst aus diesem Angebot auszuwählen, geht Jan-Carlos zur Lehrerin. Er sucht den personalen Bezug (zur Lehrerin) und gewinnt dabei den personalen Bezug zur Schrift. *Mit Papier und Stift* als Schriftmedien macht er eine elementare Lernerfahrung. *Das Schriftmedium wird für ihn zum Lernmedium.* Gerade weil der Schlüsselsatz – äußerlich betrachtet – dieselbe Struktur hat wie eine Formulierung in der Fibel als Lernmedium (»Wo ist Olaf?«, »Wo ist Nina?«), wird der entscheidende Unterschied deutlich: die Lehrerin hat im Gespräch mit dem Kind herausgefunden, was Pascal für es bedeutet, und das persönlich Bedeutsame einfach aufgeschrieben. Wo Tina oder Olaf sind, dafür wäre auch mit differenziertem methodischen Repertoire kaum ein genuines Interesse bei Jan-Carlos zu wecken, jedenfalls bevor er nicht solche elementare Erfahrung gemacht hat.

Den allermeisten Kindern sind, wenn sie in die Schule kommen, Erfahrungen mit Schrift vielfältig vertraut. Manche lernen auf diese Weise ohne ausdrückliche Instruktion und ohne Lernmedien lesen und schreiben. Die anderen Kinder aber müssen in der Schule Gelegenheiten haben, elementare Erfahrungen mit Schrift zu machen. Erst später können sie die *präparierten Lernmedien* nutzen. *Für die Anfänge des Schrifterwerbs taugen sie nicht* (s. Anm. 5). Auch Corinna fängt an, sich auf Schrift einzulassen, als sie – endlich – (noch kaum lesbar) aufschreiben kann, was sie mit Batman bewegt.[6]

Jedesmal entstehen diese Situationen im Widerstand gegen bestimmte Normen und als Überwindung von Abwehr. Dafür geben die Kinder die Signale. Die Aufgabe von Lehrer und Lehrerin besteht darin, Gelegenheiten für elementare Erfahrungen wahrzunehmen. Denn solche Initiationsprozesse des Schrifterwerbs (zu dem relativ späten Zeitpunkt in der Schule) lassen sich nicht einfach lehrend einleiten. *»Wo ist Pascal?«* kann auch als Frage an die Lehrperson gewendet werden. Die Antwort wird für jedes Kind spezifisch sein und kann nur mit ihm gemeinsam gefunden werden. Im Medium Schrift – vielleicht auch mit Jan-Carlos' Schere.

Das Buch lädt ein zu vielerlei Betrachtung, z.B. könnte man auch nach thematischen Verbindungen zwischen den Geschichten suchen: »Die Regen*sonne*« nennt Ann-Margret das Buchstaben-Bild, das sie mit zwei anderen Kindern gestaltet hat; Jonas hat die Bitte, sein Bild von der *Sonne* am Fenster aufzuhängen: »... dann scheint sie richtig und leuchtet«; Isabell schreibt auf, was die Sonne kann: »sie macht Glück«; und Jan-Carlos übernimmt Verantwortung und hält die *Sonne* bei der Aufführung am langen Stab so, daß sie nicht wackelt!

Anmerkungen

1   Sie sollen nach eingehender Erprobung im Hamburger Modellversuch hier als Arbeitsbuch erscheinen.
2   Vgl. dazu die Arbeitshilfe der Behörde für Schule, Jugend und Berufsbildung in Hamburg: »Michael Knight und Batman ...« (1993).
3   Dieser Abschnitt ist eine gekürzte Fassung der Beiträge von M. Dehn in: Die Grundschulzeitschrift Heft 57/1992, S. 4ff. und »Unterrichtsmedien. Friedrich Jahresheft XI, 1993, S. 54f.
4   Vermeiden von Geschwindigkeitsdruck ist nach Helmke (1988) eines der Kriterien für die empirisch ermittelten »Optimalklassen«; andere sind »Instruktionsintensität« und »diagnostische Sensibilität der Lehrer« für affektive Lernvoraussetzungen ihrer Schüler« (S. 67); auch auf solche Kriterien hin lassen sich die Erzählungen betrachten – wenn dabei eine Klärung der Kriterien und nicht eine Aussage über den Unterricht angestrebt wird.
5   Diese These stützen Unterrichtsbeobachtungen und Einzelfallstudien: Ramazan läßt sich auf strukturierte Lehrangebote lernend ein, nachdem er – nach wochenlanger Beschäftigung mit einem Bilderlexikon abseits des eigentlichen Unterrichtsgeschehens – derjenige war, der die Frage der anderen Kinder nach dem Aussehen des Schwans sicher beantworten konnte, indem er das Tier im Lexikon zeigt. (Vgl. M. Dehn, I. Schnelle: »Ich hab schon vier Mark.« Schule als sozialer Raum für Schrift. Die Grundschulzeitschrift 3 (1989), Heft 29, S. 2). Und für Christina ist die Erfahrung, daß sie ihre ganz verkürzt aufgeschriebenen Rätsel in der Rätselrunde den anderen Kindern aufgeben kann, der entscheidende Anstoß. (Vgl. M. Dehn: Christina und die Rätselrunde. In: H. Brügelmann, H. Balhorn (Hrsg.): Das Gehirn, sein Alfabet und andere Geschichten. Konstanz 1990, S. 112ff.; dies.: Entdeckend lernen – mit Einsicht üben. Lehr-Lern-Prozesse beim Schreiben und Rechtschreiben. Diskussion Deutsch 1991. Heft 117, S. 13–33; dies.: Sachverhalte klären – Beobachtungen und Erfahrungen notieren – Deutungen entwerfen und formulieren. In: H. Balhorn, H. Brügelmann (Hrsg.): Bedeutungen erfinden. Konstanz 1993, S. 245–252. Für den Bereich der Erwachsenenalphabetisierung lassen sich ähnliche Befunde anführen; vgl. P. Heinrich 1989).
6   Vgl. A. Sjölin 1990.

Literaturhinweise

Aichhorn, August: Erziehungsberatung und Erziehungshilfe. Reinbek 1972.

Andresen, Ute: So dumm sind sie nicht. Von der Würde des Menschen in der Schule. Weinheim 1985.

Arp, Dörte, Wolf-Weber, Ingeborg: Schreiben – Lesen – Selbertun. Fibelunabhängige Materialien für lehrgangsbezogenes und offenes Lernen. Hamburg 1988.

Bambach, Heide: Erfundene Geschichten erzählen es richtig. Lesen und Leben in der Schule. Konstanz 1989.

Behörde für Schule, Jugend und Berufsbildung: Michael Knight und Batman, Pippi Langstrumpf und die kleine Hexe – Zugänge zur Schriftkultur. Arbeitshilfe für den Deutschunterricht in der Grundschule. Hamburg 1993.

Brügelmann, Hans: Kinder auf dem Weg zur Schrift. Eine Fibel für Lehrer und Laien. Konstanz [3]1989.

Dehn, Mechthild: Zeit für die Schrift. Lesenlernen und Schreibenkönnen. Bochum [3]1990.

Dehn, Mechthild: Lehrerhilfen bei Leseschwierigkeiten. Voraussetzungen für lernförderliche Interaktionen. Die Grundschulzeitschrift Heft 32, 33, 34/1990.

Dehn, Mechthild: Das Kind, die Schrift und die Schule. Entdecken – Üben – Gestalten und ihr Zusammenhang im Unterricht. Die Grundschulzeitschrift Heft 57/1992, S. 4–7.

Dehn, Mechthild: »HML – steht da Hummel? Oder?« Überlegungen zu den Anfängen des Rechtschreiblernens in der Schule. Die Grundschulzeitschrift Heft 57/1992, S. 29–31.

Dehn, Mechthild: Mit Papier und Stift? Zur Funktion des Lernmediums beim Schrifterwerb. In: Unterrichtsmedien. Friedrich Jahresheft XI. 1993, S. 54f.

Dennison, George: Lernen in Freiheit. Aus der Praxis der First Street School. Frankfurt 1971.

Eberwein, Hans, Mand, Johannes: Das sozial benachteiligte Kind. Pädagogik 1990, Heft 2, S. 44f.

Eberwein, Hans: Systemische und förderungsorientierte Diagnostik in (integrativen) Grundschulklassen. Grundschule 25 (1993), Heft 1, S. 8–10.

Flitner, Andreas: Konrad, sprach die Frau Mama. Über Erziehung und Nicht-Erziehung. Berlin 1982.

Gümbel, Ruth: Erstleseunterricht. Kronberg [3]1989.

Hayden, Torey L.: Sheila S., München 1984.

Heinrich, Petra: Johannes. »Der kann doch gar nichts.« Die Grundschulzeitschrift Heft 30/1989, S. 2f.

Helmke, Andreas: Leistungssteigerung und Ausgleich von Leistungsunterschieden in Schulklassen: unvereinbare Ziele? Zeitschrift für Entwicklungspsychologie und Pädagogische Psychologie Heft 1/1988.

Hoenisch, Nancy, Niggemeyer, Elisabeth, Zimmer, Jürgen: Vorschulkinder. Stuttgart 1969.

Hüttis-Graff, Petra: Üben beim freien Schreiben und beim Lesen im Buch? Die Grundschulzeitschrift Heft 57/1992, S. 22–25.

Leonard, George B.: Erziehung durch Faszination. Anschlag auf die ordentliche Schule. Reinbek 1973.

Richter, Sigrun: Was bringt der Schulkindergarten? Die Grundschulzeitschrift Heft 54/1992, S. 44f.

Röber-Siekmeyer, Christa: Die Schriftsprache entdecken. Rechtschreiben im offenen Unterricht. Weinheim 1992.

Schnelle, Irmtraud: Inge kann immer noch nicht lesen. Die Grundschulzeitschrift Heft 7/1987, S. 66–68 (wieder abgedruckt in: Die Grundschulzeitschrift Sonderheft 1991, S. 22–24).

Sjölin, Amelie: Michael Knight und Batman in der Grundschule. Ein Anstoß für Schriftkultur? In: Balhorn, H., Brügelmann, H. (Hrsg.): Das Gehirn, sein Alfabet und andere Geschichten. Konstanz 1990, S. 106–111.

Tost, Renate: Vom Reiz der Norm. Stilmerkmale der Schulausgangsschrift. Die Grundschulzeitschrift Heft 57/1992, S. 8f.

Wallrabenstein, Wulf: Offene Schule – offener Unterricht. Ratgeber für Eltern und Lehrer. Reinbek 1991.

Wild, Rebeca: Erziehung zum Sein. Erfahrungsbericht einer aktiven Schule. Heidelberg 1986.

Wolf-Weber, Ingeborg: Hanna gestaltet ein H …, und Lena kann es nicht sehen. Die Grundschulzeit-schrift Heft 57/1992, S. 10f.